Die Entstehung Schleswig-Holsteins

von Kurt-Dietmar Schmidtke

unter Mitarbeit von Wulf Lammers

KARL WACHHOLTZ VERLAG

Umschlagfoto: Gletschertor des Nigardsbreen in Norwegen und Ostseeküste bei Heiligenhafen
Zeichnungen: Hartmut Peters, Kiel
Fotos: Kurt-Dietmar Schmidtke, Kiel

ISBN 3 529 05316 3

Alle Rechte, auch die des auszugsweisen Nachdrucks, der photomechanischen Wiedergabe und der Übersetzung, vorbehalten.

Karl Wachholtz Verlag, Neumünster 1992

Vorwort

Eis und Gletscher, Schmelzwasser und Meeresbrandung sind die gestaltenden Kräfte, die Schleswig-Holstein geschaffen haben. Ohne die Eiszeit, die Teile von Schleswig-Holstein noch vor 15 000 Jahren fest im Griff hatte, gäbe es Schleswig-Holstein gar nicht. Skandinavisches Eis hat mehrfach jene Mengen an Gestein und Erdreich zu uns gebracht, die verhindern, daß Schleswig-Holstein von den nacheiszeitlich gestiegenen Fluten der angrenzenden Meere überschwemmt wurde. Ohne eiszeitlichen Materialtransport würden an Stelle von Hügelland, Geest und Marsch nur wenige Inseln des präglazialen Untergrundes die Wellentäler und Wellenkämme einer vereinigten Nord- und Ostsee durchstoßen, der Segeberger Kalkberg z. B. oder die Kreidepakete von Lägerdorf. Die Frage nach der Entstehung Schleswig-Holsteins und seiner Teillandschaften, der dieses Buch nachgeht, führt zunächst in vergangene Erdzeitalter und erklärt die Dynamik des unterirdischen Gebirges, dessen Spitzen hier und da die eiszeitlichen Absätze durchragen. Die Abkühlung der Erde in den Eiszeiten versetzte das nordeuropäische Eis in eine Wanderung nach Süden, wo es aus dem mitgeschleppten Material die Moränenlandschaften, aus seinem Schmelzwasser die Sander Schleswig-Holsteins aufbaute und den Sockel für die spätere Marschenbildung lieferte. Nur dank dieser Aufschüttung liegt Schleswig-Holstein über dem heutigen Meeresniveau. Das nacheiszeitlich gestiegene Meer baute schließlich aus marinen Sedimenten die Marsch auf, sorgte aber auch für die Zerstörung mancher Küstenabschnitte an Nord- und Ostsee.

Die daraus abgeleiteten Fragestellungen sind für jeden Bewohner und Gast unseres Landes von Interesse, der wissen möchte, auf welchem Grund er lebt oder Urlaub macht, wie Schleswig-Holsteins Landschaften entstanden sind und wie ihr Naturpotential zum Wohnen, Arbeiten und für Urlaubszwecke genutzt werden kann.

Die Konzeption des Buches geht davon aus, daß aus der Antwort auf die Fragen ein möglichst vollständiges Bild der Naturlandschaften Schleswig-Holsteins erwächst, dabei jedoch mit Blick auf den geologisch interessierten Laien informative Überfrachtung vermieden wird. Wechselseitige Ergänzung von Text und reicher Illustration mit Bild und graphischer Darstellung als durchgängiges Gestaltungsprinzip erleichtern das Verständnis und mögen zu eigener Landschaftserkundung anregen.

Kiel, März 1992

Kurt-Dietmar Schmidtke

Inhaltsverzeichnis

Der voreiszeitliche Untergrund

Die Erdzeitalter in Schleswig-Holstein 8
Der Segeberger Kalkberg aus dem Erdaltertum .. 10
Helgoland 12
Lägerdorf 14
Weitere geologische Fenster 16

Die Eiszeiten als Landschaftsgestalter

Im Nährgebiet des Eises 18
Die Altmoränenlandschaft der Saaleeiszeit 23
Die Weichseleiszeit 28
Die Endmoränen 29
Die Entstehung der Sander 33
Die Urstromtäler 36
Die Grundmoränenlandschaften 40
Die glaziale Serie 42
Schwankungen des Eisrandes 43
Die Entstehung der Seen 46
Toteis als Landschaftserhalter 56
Riesenfindlinge und Fossilien 60

Nacheiszeitliche Besiedlung und Landschaftsveränderungen

Leben am Rande des Eises 66
Unterschiede zwischen Alt- und
  Jungmoränenland 68

Die Entstehung der Ostseeküste

Entwicklungsphasen der Ostsee 72
Die Förden 74
Die Steilufer 78
Ausgleichsküsten 82

Die Landschaftsentwicklung an der Nordsee

Zu Fuß nach England 86
Inseln und Marschen in Nordfriesland 86
Die Entwicklung in Dithmarschen 98
Die Elbmarschen 104

Die Nutzung der Naturlandschaften

Nutzungsvielfalt als Folge der Landschaftsvielfalt 108
Der geologische Untergrund 110
Die Nordseeküste 112
Die Marsch 114
Die Altmoränen 116
Die Sander 118
Das Östliche Hügelland 120
Die Ostseeküste 122

Blick in die Zukunft 124

Literaturverzeichnis 127

Der voreiszeitliche Untergrund

Die Erdzeitalter in Schleswig-Holstein

Schleswig-Holsteins Oberfläche wurde von der Eiszeit geprägt – das eher unruhige, leicht wellige Relief des Östlichen Hügellandes und der Hohen Geest ebenso wie die zwischen den beiden Landschaften liegende tischebene Sandergeest. In der Marsch bieten eiszeitliche Tone, Sande und Lehme das Fundament für die Meeresablagerungen.

Erdgeschichtlich betrachtet ist die eiszeitliche Oberfläche Schleswig-Holsteins so jung, daß ihre Entstehungsgeschichte gerade die letzten fünf Sekunden eines 24stündigen Tages – der angenommenen Maßeinheit für die gesamte Erdgeschichte – ausmachen würde. Immerhin entsprechen diese Sekunden dem Zeitraum der beiden letzten, die Oberfläche prägenden Eiszeiten (Beginn vor etwa 200 000 Jahren).

Was aber war vor der Eiszeit? Wie sieht der voreiszeitliche Untergrund Schleswig-Holsteins aus? Wie alt ist er? Aus welchen Zeiträumen der Hunderte von Millionen Jahren umfassenden Erdgeschichte stammt er? Und die wohl spannendste Frage: Ist dieser eiszeitliche Untergrund vielleicht sogar sichtbar, nicht zugeschüttet von eiszeitlichen Schuttmassen?

Die letzte Frage soll gleich beantwortet werden: An Schleswig-Holsteins Oberfläche gibt es Zeugnisse aus allen großen Epochen der Erdgeschichte. Diese Stellen sind zwar zusammengenommen nur wenige Quadratkilometer groß, dafür aber von besonderer Auffälligkeit. Denken wir uns einmal die eiszeitlichen Ablagerungen weg und lassen den Meeresspiegel auf seinem gegenwärtigen Niveau, dann ragt inselartig der voreiszeitliche Untergrund aus einer vereinigten Nord- und Ostsee heraus, wie es in der Abb. unten angedeutet ist. Diese Inseln aus früheren geologischen Zeiträumen liegen über dem Meeresspiegel; viele davon jedoch so flach, daß sie von Eiszeitschutt überdeckt wurden und deshalb an der Oberfläche nicht sichtbar sind. Was von dem älteren Untergrund Schleswig-Holsteins für das Auge des Betrachters bleibt, ist kaum mehr als ein halbes Dutzend solcher voreiszeitlichen „geologischen Fenster", wie sie in der Zeittafel (Seite 9) benannt sind. Hier sind die wichtigsten: Aus dem Erdaltertum die roten Tone von Lieth bei Elmshorn und der Kalkberg von Bad Segeberg, aus dem Erdmittelalter der Buntsandsteinfels von Helgoland und die Kreidegruben bei Lägerdorf und aus der Erdneuzeit der Tarraston von Katharinenhof/Fehmarn, das Heiligenhafener Gestein im Hang des Hohen Ufers und das Morsumkliff auf Sylt.

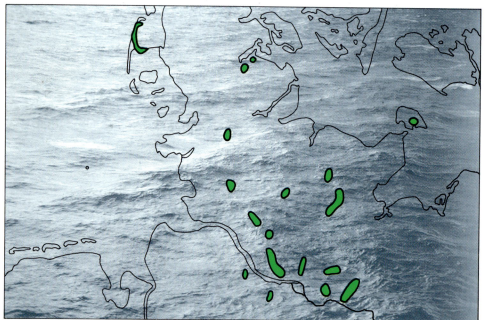

So etwa sähe Schleswig-Holstein aus, wenn es keine Eiszeiten gegeben hätte. Eine vereinigte Nord- und Ostsee umspülte wenige Inseln aus dem voreiszeitlichen Untergrund Schleswig-Holsteins. Einige dieser über das heutige Meeresniveau hinausragenden Inseln sind durch eiszeitliche Moränenabsätze überlagert worden, andere liegen frei zutage und wirken wie Fremdkörper im Eiszeitland (nach Degn/Muuß: Topographischer Atlas Schleswig-Holstein).

Tabelle der Erdgeschichte

Erdzeitalter	Formation		Beginn vor Millionen Jahren	Oberflächenvorkommen in Schleswig-Holstein
Erdneuzeit	Quartär	Holozän (Nacheiszeit) Pleistozän (Eiszeit)	2	Moore, Marsch, Watt Moräne, Sander
	Tertiär		65	Tarraston/Fehmarn, Morsumkliff/Sylt, Heiligenhafener Gestein
Erdmittelalter	Kreide		140	Kreidegruben in Lägerdorf
	Jura		195	—
	Trias	Keuper, Muschelkalk Buntsandstein	230	Buntsandsteinfels Helgoland
Erdaltertum	Perm	Zechstein Rotliegendes	270	Segeberger Kalkberg Rote Tone bei Lieth/Elmshorn
	Karbon		350	—
	Devon		400	—
	Silur		500	—
	Kambrium		570	—
Erdfrühzeit			3600	—

Wie ist der geologische Untergrund entstanden, und warum überragt er an einigen Stellen so inselartig das Eiszeitland, wie z. B. der rote Fels von Helgoland oder der Segeberger Kalkberg?

Im Laufe der Erdgeschichte erlebte der Raum zwischen Nord- und Ostsee einen mehrfachen Wechsel von Meeres- und Festlandszeiten, was einem Wechsel von Ablagerung und Abtragung entspricht. In Senkungsphasen drang das Meer in den Trog ein, und durch Verdunsten des Meerwassers kam es zu Salzablagerungen, zur Sedimentation von Verwitterungsprodukten, die Flüsse aus umliegenden Gebirgen in das Becken trugen oder die der Wind als Ton und Sand aus wüstenähnlichen Landschaften ins Meer wehte, und es kam zu Sedimentschichten aus den kalkhaltigen Schalen und Skeletten kleiner absterbender Meerestiere. Zusammen sind diese Ablagerungen mehrere Kilometer mächtig.

Die ältesten, über den Gebirgsresten aus der Urzeit liegenden und für die folgenden Betrachtungen wichtigen Schichten sind die Salzlager und die roten Tone aus dem Perm, darüber der Buntsandstein aus dem Erdmittelalter sowie die tertiären Ablagerungen aus der Erdneuzeit. In ungestörter Lage müßten diese Schichten übereinander liegen, die älteste Schicht unten, die jüngste oben. Da wir jedoch bereits wissen, daß alle genannten Schichten mindestens punktuell sogar den jüngeren Eiszeitschutt durchstoßen, stellt sich die Frage nach den Ursachen der Schichtenstörung. Einfach ausgedrückt: Wie kam das Unterste zuoberst?

Die 5 bis 6 km mächtigen Ablagerungen gerieten unter Druck und wurden zu Gestein. Als im Zuge der europäischen Gebirgsbildung im Tertiär auch unser Raum in Bewegung geriet, entstanden verbreitet Bruchspalten in den Gesteinspaketen. Da das zuunterst liegende Stein-

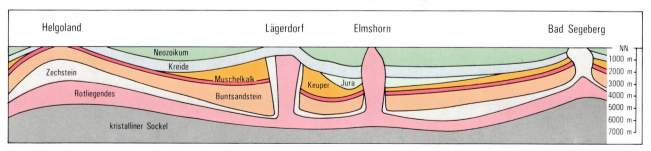

Durch Salzdruck emporgepreßte Gesteinspakete aus dem Erdmittelalter und dem Erdaltertum (nach Kopp, unveröffentlicht)

salz aus dem Perm unter dem Druck der darüber lastenden Schichten plastische Eigenschaften annahm, quoll es in die Bruchspalten hinein, stieg auf und preßte auch die jüngeren Gesteinslagen nach oben. Der Segeberger Kalkberg zum Beispiel wächst heute noch jährlich um 1/2 bis 1 mm in die Höhe. Dank dieser Salztektonik bildete sich im Untergrund Schleswig-Holsteins ein Salzgebirge mit Höhenunterschieden von mehreren tausend Metern. Teils entstanden einzelne Salzhorste, teils langgezogene, wall- oder mauerartige Salzstrukturen.

Der Salzaufstieg und die Hochwölbung darüber liegender Deckschichten geschah in unterschiedlicher Intensität. So erklärt sich, daß nur beim Segeberger Kalkberg das aufquellende Salz die eiszeitliche Oberfläche durchragt, auf Helgoland der Buntsandsteinfels das Meeresniveau übersteigt, in Lieth die roten Tone und in Lägerdorf die Kreide (vgl. die Abb. auf S. 9). Ein lebhaftes Auf und Ab, eine Gebirgswelt unter Tage durchzieht unser Land.

Nicht alle sieben genannten, an der Oberfläche Schleswig-Holsteins sichtbaren „geologischen Fenster" sind auf Halokinese (Salzaufstieg) zurückzuführen. Der Tarraston von Fehmarn, das Heiligenhafener Gestein und die Sande des Morsumkliffs – alle drei aus dem Tertiär – sind einfach durch Eis verfrachtete Ton- oder Sandschollen.

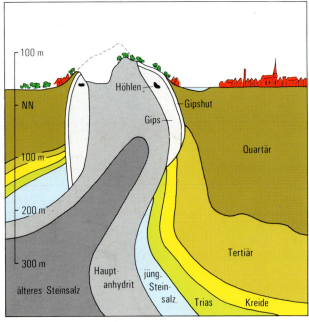

Schnitt durch den Kalkberg von Bad Segeberg

Der Segeberger Kalkberg aus dem Erdaltertum

Der einzige Berg Schleswig-Holsteins, dessen Gesteinsmaterial aus dem Erdaltertum stammt, liegt in Bad Segeberg. Der Kalkberg dort ist ein felsiger Fremdkörper im Eiszeitland.

Vor etwa 250 Millionen Jahren lag über Nordwestdeutschland ein großes Meer (Abb. S. 11 oben links). Infolge wechselnder Wasserhöhe im heißen, trockenen Klima des Perm, durch zeitweilige Austrocknung des Meeres und neue Wassereinbrüche bildeten sich in dem dank beständiger Sedimentation flach bleibenden Senkungsraum über 1000 m mächtige Salzablagerungen. Geordnet nach ihrer Löslichkeit setzten sich zuerst Kalke ab, dann Anhydrit, Steinsalz und Kalisalze. Als sich im Erdmittelalter und in der Erdneuzeit Deckschichten von 1000 bis 2000 m darüberlegten, quoll das Salz unter dem Druck in eine Bruchspalte bei Bad Segeberg, strebte als Salzdom nach oben und schleppte die Deckpakete mit, die an der Spitze abgetragen wurden.

Von den permischen Absätzen erreichte zuerst das jüngere Steinsalz die Oberfläche, wurde jedoch im Kontakt mit dem Grundwasser gelöst und abgetragen. So kam der schwefelsaure Anhydrit ($CaSO_4$) an die Oberfläche. Dort nahm er Wasser auf und quoll zu Gips ($CaSO_4$ + 2 H_2O). Daraus ergibt sich die für manchen vielleicht enttäuschende Feststellung, daß der Kalkberg von Bad Segeberg gar nicht aus kohlensaurem Kalk ($CaCO_3$) besteht, sondern aus schwefelsaurem Gips.

Gemeinsam für Kalk und Gips ist die gute Löslichkeit in Wasser. Der Kleine Segeberger See direkt am Berg ist eine durch Auslaugung entstandene Hohlform, eine sogenannte Doline, wie es sie ähnlich in den Karstgebieten der Schwäbischen Alb gibt. Auch die Höhle – eine der meistbesuchten Deutschlands – ist durch Auslaugung bzw. Lösung entstanden, als Wasser aus dem Kleinen Segeberger See durch Klüfte und Gesteinsspalten sickerte. Aber hier in der Höhle wird ein Unterschied des Gipsberges zu Kalkgestein sichtbar. Es gibt keine Tropfsteine. Solche Stalaktiten und Stalagmiten können sich nur in kohlensaurem Kalk bilden.

Mit Doline, Höhle, weiteren Karsterscheinungen und dem ältesten Gestein Schleswig-Holsteins gerät der Gipsberg zu einem geologischen Leckerbissen im eiszeitlichen Moränenland. Ursprünglich war er 20 m höher als heute. Aber nachdem die ehemalige, im 12. Jahrhundert erbaute Siegeburg, die die 110 m hohe Bergspitze krönte, im 30jährigen Krieg geschleift worden war, wurde die seit dem Mittelalter begonnene Nutzung als

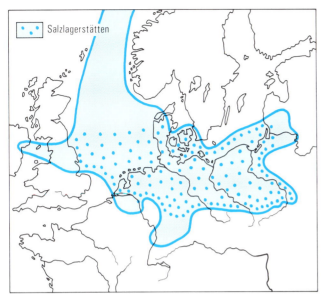

Im Perm bedeckte Schleswig-Holstein ein flaches Meer (aus Schumann).

Höhle im Kalkberg von Bad Segeberg

Steinbruch intensiviert. Durch den Abbau von geschätzten 2,5 Millionen Tonnen (zwei Drittel des Berges) erhielt der Kalkberg seine heutige Höhe von 91 m.

Bis 1930 verwendete man den Segeberger Gips als Mörtel. Die auf diese Weise entstandene Schlucht mit ihrem amphitheatralischen Charakter wird seit 1952 als imponierende Wildwestkulisse für Rothäute und Westmänner genutzt. Die Karl-May-Festspiele am Kalkberg von Bad Segeberg haben Stadt und Berg über die Grenzen Schleswig-Holsteins hinaus bekannt gemacht.

Der Kalkberg – amphitheatralische Kulisse für die Karl-May-Spiele

Helgoland

Jünger als der Segeberger Kalkberg ist der 58 m über dem Meeresspiegel liegende rote Buntsandsteinfels Helgolands. Das Gestein ist ungefähr 230 Millionen Jahre alt. Es stammt aus dem Erdmittelalter, der ältesten Stufe der Trias. In jener Zeit gab es über Norddeutschland einen flachen Meerestrog von geringer Tiefe. Wie zu Stein gewordene Rippelmarken (Wellenfurchen) (Abb. S. 12, unten links), Trockenrisse und Fossilien von Amphibien im Helgoländer Fels beweisen, war der Trog äußerst flach und mehrfach sogar ausgetrocknet. Es herrschte ein wüstenähnliches Klima. In feuchteren Perioden schwemmten Flüsse den roten Verwitterungsschutt der vegetationsarmen Randländer in die große norddeutsche Mulde und lagerten ihn schichtartig ab. Langsames Absinken des Meeresbodens ließ die Schichten auf 700 m Mächtigkeit anwachsen. Die nächste Stufe der Trias, die Muschelkalkzeit, war feuchter. Statt des roten Wüstensandsteins lagerte sich grauer Kalkschlamm ab, und schließlich folgten Schichten der Kreidezeit.

Die einzigartige und isolierte Lage des Felsens erklärt sich aus der bekannten Hebung nach dem Prinzip der Salztektonik. Permisches Salzgestein aus dem Zechsteinmeer stieg auf und wölbte Buntsandstein, Muschelkalk und Kreide in einer 8 km langen und 4 bis 5 km breiten Scholle empor. Wie hoch das Salz gestiegen war, bewies eine Bohrung nach Süßwasser im Jahre 1938, die bereits in 718 m Tiefe auf Zechsteinsalz traf. Als nach

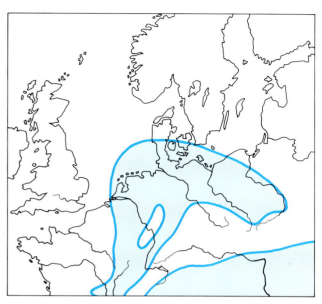

Verteilung von Land und Meer in der Buntsandsteinzeit (aus Schumann)

3010 m Bohrtiefe die Salzablagerungen noch nicht durchstoßen waren, wurde die Bohrung abgebrochen. Durch den Druck des emporquellenden Salzes wurde die Deckschicht entlang einer Bruch- bzw. Verwerfungslinie um den Neigungswinkel von 20 Grad schräggestellt, so daß Buntsandstein, Muschelkalk und Kreide über das heutige Meeresniveau gehoben wurden. Aber nur ein Buntsandsteinrest widerstand den abtragenden

Fossile Rippel (Wellenmarken) im Helgoländer Buntsandstein

Lange Anna – Felspfeiler auf Helgoland

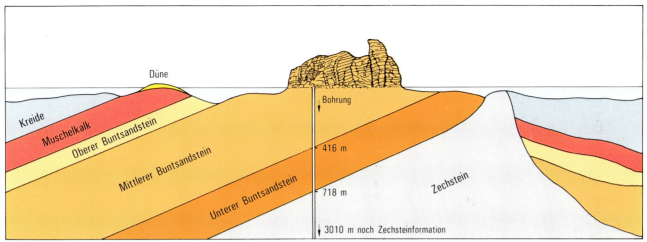
Schrägstellung der Gesteinsschichten unter Helgoland

Helgoland – Ober- und Unterland

Kräften des Meeres und blieb bis heute erhalten. Der Muschelkalk ist nicht mehr sichtbar. Er bildet den Sockel und zusammen mit der Kreide ein schützendes Riff für die Nachbarinsel, die Düne, die einst mit der roten Hauptinsel verbunden war, bis das Meer in der Neujahrsnacht 1720/21 die Düne abtrennte und Helgoland zur Doppelinsel wurde.

Aber nicht nur das Meer hat an der Abtragung Helgolands gewirkt. Das Witte Kliff vor der Düne ragte einst 60 m aus dem Wasser. Seit dem 15. Jahrhundert haben die Hamburger es für Bauzwecke – ähnlich wie beim Segeberger Kalkberg – abgetragen. Die letzte Felsnadel, der „Witte Mönch", fiel in einer Sturmflut des Jahres 1711 dem Meer zum Opfer. Heute sind Düne und Hauptinsel nur noch 1,7 km² groß.

Lägerdorf

Nur wenige Berge Schleswig-Holsteins wären höher, als die größten Löcher des Landes in die Tiefe reichen. Diese sind allerdings nicht natürlichen Ursprungs, sondern wurden künstlich in den voreiszeitlichen Untergrund getrieben. Über 100 m sind sie tief und bieten dem geologisch Interessierten eine weitere Spezialität, ein weiteres Fenster zum erdgeschichtlichen Untergrund Schleswig-Holsteins. Gemeint sind die riesigen Kreidegruben bei Lägerdorf, südlich von Itzehoe. In mächtigen, abbauwürdigen Schichten ist sogenannte Schreibkreide, das sind auffallend reine Kalke aus der Zeit der Oberkreide, zum Absatz gelangt. Ein subtropisches Meer erstreckte sich damals über Schleswig-Holstein. Winzige Geißel-

Kreidegruben in Lägerdorf

Riesenbagger in einer Lägerdorfer Kreidegrube

tiere und andere Lebewesen mit Schalen, Skeletten oder Panzern aus Kalk starben ab, sanken auf den Grund des Meeres und bildeten die Schichten des nahezu reinen, weiß abfärbenden Kalksteins.

Die Kreide befindet sich wie der Buntsandstein überall unter der Oberfläche Schleswig-Holsteins. Aber wegen der unterschiedlichen Hebungsintensität im Zuge des Salzaufstiegs durchbricht auch die Kreide nur an wenigen Orten das Meeresniveau und wird dort, wo es geschieht, zumeist von 20 oder 30 m mächtigen Moränen überlagert. Bei Lägerdorf jedoch hat der Salzstock die Kreide bis an die Oberfläche geführt und als weitere Auswirkungen der Salzaufpressung die ehemals waagerecht liegenden Schichten leicht aufgewölbt. Die Eiszeit hat sie nur mit einer leicht abräumbaren Schuttdecke von 2 m Mächtigkeit überzogen. Deshalb konnten bereits vor 200 Jahren die Bauern auf ihren Äckern nach Kreide graben, die sie an Maler verkauften. Mit Riesenbaggern wird heute der Rohstoff von den Alsen-Breitenburg-Werken im Tagebau abgebaut und zu Düngekalk und Baumaterial verarbeitet.

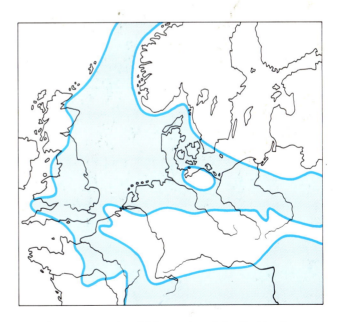

Verteilung von Land und Meer während der Kreidezeit (aus Schumann)

Weitere „geologische Fenster"

Zur voreiszeitlichen Vergangenheit unseres Landes gehören u. a. geologische Vorkommen des Tertiärs in den Kliffs von Morsum/Sylt und Katharinenhof/Fehmarn. An der Steilküste von Morsum sind tertiäre Sedimente während der Elstereiszeit durch vorrückendes Eis schollenartig zerbrochen, transportiert und steilgestellt worden. Die jungtertiären Sande und Tone wurden von den Gletschern der Saale-Eiszeit erneut überfahren und in der Nacheiszeit mit Dünensand überdeckt. Auffällig sind im Kliff vor allem der weiße Kaolinsand und der braune Limonitsandstein.

Das Morsumkliff auf Sylt

Der tertiäre Tarraston bei Katharinenhof auf Fehmarn quillt in durchnäßtem Zustand als graugrüner Brei aus dem Kliff. Es handelt sich um eine durch Eis verfrachtete Scholle. In ähnlicher Weise ist das tertiäre Heiligenhafener Gestein, ein kieselig-grünes Material, vom Eise aufgeschuppt und als Nahgeschiebe transportiert worden.

In das Rotliegende der Permzeit führen uns die roten Tone der Ziegeleigruben von Lieth bei Elmshorn. Hier wird noch einmal das Erdaltertum sichtbar. Zusammen mit einem nahe gelegenen Gipshut sind die Tone durch Salzpressung gehoben worden.

Die Eiszeiten als Landschaftsgestalter

Gletscher auf Island

Schneekristalle

Im Nährgebiet des Eises

Ein Ziel der bisherigen Ausführungen war der Nachweis, daß an der heutigen schleswig-holsteinischen Landoberfläche die drei großen Erdzeitalter – Erdaltertum, Erdmittelalter, Erdneuzeit – anzutreffen sind. Die spätere erdneuzeitliche (quartäre) Überformung mit Moränenmaterial hat die alten Absätze nicht überall verschüttet. Um die erdgeschichtlich wichtigsten Zeiten aus dem tiefen Untergrund Schleswig-Holsteins kennenzulernen, braucht der interessierte Laie nicht an Bohrkerne etwa in Museen herangeführt zu werden, sondern er kann sie direkt vor Ort aufsuchen.

Die große Landschaftsvielfalt Schleswig-Holsteins ist jedoch eiszeitlichen bzw. nacheiszeitlichen Ursprungs. Eiszeiten im Wechsel mit Warmzeiten hat es während des gesamten Quartärs gegeben, also seit etwa zwei Millionen Jahren. Für Schleswig-Holsteins Oberfläche sind jedoch nur zwei, stellenweise drei von Bedeutung:

Weichselglazial vor   80 000 – 15 000 Jahren;
Saaleglazial vor   200 000 – 125 000 Jahren;
Elsterglazial vor   300 000 – 250 000 Jahren.

Ältere Eiszeiten wurden bisher nicht nachgewiesen. Da die Elstereiszeit an der Oberfläche nur ganz vereinzelt erkennbar ist (z. B. am Morsumkliff), genügt es, in den späteren Abschnitten die landschaftlichen Auswirkungen von Weichsel- und Saaleglazial zu betrachten.

Die Gründe für die Eiszeiten liegen noch im dunkeln. Als Hypothesen für ihr Auftreten werden genannt: Veränderungen in der Atmosphäre durch CO_2, H_2O, O_3, Veränderung der Erdbahnelemente (Neigung der Erdachse, Exzentrität der Erdbahn), Änderung in der Sonnenstrahlung u. a. m. Entscheidend ist, daß die globale Abkühlung 6 bis 8 °C betrug. Zum Vergleich: Die Jahresdurchschnittstemperatur in Kiel beträgt 8,5 °C, in Freiburg 10,3 °C und in Rom 15,6 °C.

Infolge der Abkühlung kam es in Nordeuropa zu verstärkten Schneefällen. Der Schnee häufte sich so mächtig an, daß unter seinem Eigengewicht Eis entstand (vgl. Abb. S. 19, oben rechts). Im sogenannten Nährgebiet des Eises wuchs es zu Höhen von 3000 m und mehr heran. Da für 10 cm Eis etwa 8 m Schnee erforderlich sind, bedurfte es theoretisch einer Schneefallmenge von 240 000 m, um 3000 m mächtiges Eis zu bilden. Dies ent-

Schneeverwehung

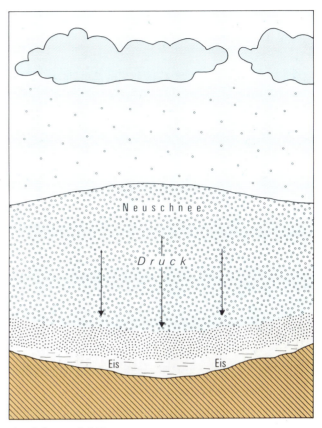
Aus Schnee wird Eis

Körniges Eis

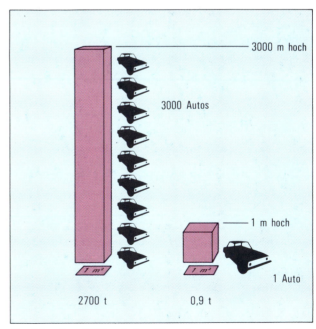
Gewicht einer 3000 m hohen Eissäule (Grundfläche 1 m²)

Gletscherzunge des Jostedalsbreen in Norwegen

spräche der Entfernung von Kiel nach Hannover. Aussagekräftiger als die theoretische Schneefallhöhe ist das Gewicht des Eises. Da 1 m³ Eis 900 kg wiegt, entspricht eine 3000 m hohe Eissäule über der Grundfläche von einem Quadratmeter dem Gewicht von 2,7 Millionen Tonnen. Das sind umgerechnet 871 Elefanten (3,1 t pro Tier) oder ungefähr 2500 Pkw. Flächig über das Nährgebiet verteilt, übten diese Eismengen einen solchen Druck auf Skandinavien aus, daß z. B. Lappland einige hundert Meter in die Erdkruste eingepreßt wurde und umgekehrt sich die nordeuropäischen Gebiete nach der Eiszeit wieder heben konnten.

Da das Eis plastisch ist, begannen die gewaltigen, über 3000 m hohen Berge des skandinavischen Inlandeises südwärts vorzurücken. Die eindrucksvolle klassische Eiszunge, die hier von der Hochplateaufläche des norwegischen Jostedalsbreen, des größten festländischen Gletschers Europas (480 km²), fließt, vermittelt nur ansatzweise die Kraft und Dynamik der damaligen Eisbewegung. Während der Eiszeit war das gesamte Tal bis hinauf zum Plateau vergletschert und übte eine ungeheure Kraft auf den Untergrund aus. Gesteinsstücke unterschiedlicher Größe wurden losgerissen, Hänge glattpoliert, Fels zermahlen und transportiert. Feinster Gesteinsschutt wurde ebenso verfrachtet wie manch ein hausgroßer Block. Dem über den Untergrund und die Gebirgsflanken schrammenden Eis konnte kein Hindernis widerstehen. Es war die Drucklast der Eismassen in Verbindung mit der Bewegung, die dem Eis seine abschürfende, erodierende Wirkung verlieh.

Am Talrand wird sichtbar, wie der Gletscher einem Hobel gleich die Bergflanke geglättet und poliert hat. Keinerlei Unebenheiten und Vorsprünge sind zurückgeblieben.

Der losgerissene Schutt unterschiedlichster Korngröße wird als Grund- oder als Oberflächenmoräne verfrachtet. Manche Felstrümmer bilden auf dem Eis Gletschertische, indem sie die Sonnenbestrahlung des Gletschers an dieser Stelle verhindern, wodurch das Eis unter dem Stein langsamer schmilzt als die allgemeine Gletscheroberfläche. Der entstandene Eisfuß trägt vorübergehend den Stein.

Die erodierende Kraft des Gletschers hinterläßt breite, U-förmige Täler, wie sie in den Fjorden am eindrucksvollsten erscheinen. Viele hundert Meter abstürzende Steilwände beweisen darüber hinaus, daß das nacheiszeitlich druckentlastete Skandinavien wieder aufgetaucht ist und weiterhin steigt.

Die sanftwelligen Gebirgshochflächen der nordischen Länder, die Fjelle, verdanken ihre Entstehung ebenfalls dem eiszeitlichen Riesenhobel. Durch schrammendes Eis erhielten auch die buckligen Inseln, die Schären, ihre geglätteten Oberflächen.

Die Altmoränenlandschaft der Saaleeiszeit

Die Landschaften Skandinaviens, die Fjorde, Fjelle und Schären, vermitteln einen Eindruck davon, welche riesigen Gesteinsmassen südwärts verfrachtet worden sind. Dank dieser gewaltigen Transportleistung des Inlandeises existiert Schleswig-Holstein überhaupt erst. Man stelle sich vor, die präquartäre Erdoberfläche wäre von einer vereinigten Nord- und Ostsee überschwemmt, dann würden – wie bereits erwähnt – nur die durch Salzdruck hochgepreßten tertiären, mesozoischen und paläozoischen geologischen Fenster über den Meeresspiegel ragen (vgl. Abb. S. 8). Der Grund und Boden, auf dem die Schleswig-Holsteiner wohnen, arbeiten und ihre Gäste Urlaub machen, mußte also erst als Ferngeschiebe über 1000 oder gar 1500 km herangeschafft werden. Im Durchschnitt wanderten Eis und Geschiebe 30 cm am Tag.

Das Eis, das diese Leistung vollbrachte, hatte seine größte Ausdehnung während des Saaleglazials (vgl. Abb. unten). Die eiszeitlichen Schürf-, Transport- und Akkumulationsvorgänge sind dieselben wie während des Weichselglazials und werden daher bei der Betrachtung der Weichseleiszeit näher untersucht. An dieser Stelle soll allerdings, ebenfalls unter Hinweis auf die Abb. rechts unten, bereits darauf aufmerksam gemacht werden, daß die jüngste Eiszeit, das Weichselglazial, das östliche Schleswig-Holstein nicht überschritten hat. Das heißt, daß wir im Westen des Landes saaleeiszeitliche Moränen, die sogenannten Altmoränen, erwarten dürfen, während im Osten ältere Moränen durch die Jungmoränen des Weichselglazials überformt und verdeckt worden sind.

Grob betrachtet erstrecken sich die Altmoränen – in der Landeskunde auch als Hohe Geest bezeichnet – westlich der tischebenen Schmelzwasserflächen aus der Weichseleiszeit und östlich der Marsch. Allerdings gibt es Ausnahmen. Die Nordfriesischen Inseln Sylt, Amrum und Föhr besitzen Altmoränenkerne, und bei Schobüll (nördlich von Husum) reicht die Hohe Geest bis unmittelbar an die Nordseeküste heran, so daß hier die einzige Stelle an der schleswig-holsteinischen Nordseeküste ist, an der auf den Schutz durch Deichbauten verzichtet werden kann. Wo weichselzeitliche Schmelzwasserflüsse flachere Teile der Hohen Geest wegräumten, nimmt die Altmoränenlandschaft inselartigen Charakter an, z. B. die Münsterdorfer Geestinsel bei Itzehoe. Solche Altmoräneninseln tragen oft die Bezeichnung „Holm"

Auffahrt zum Holm bei Norderstapel

oder „Horst", z. B. Stapelholm, Friedrichsholm, Grevenhorst.

Im allgemeinen erreichen die Altmoränen nicht die Höhen der Jungmoränen. Allerdings werden im Kisdorfer Wohld 90 m und auch im Bereich der Dithmarscher Schweiz sowie am lauenburgischen Elbufer beachtliche Höhen erreicht: Süderstöven/Dithmarschen 79 m, Weinberg/Geesthacht 67 m.

Entscheidend ist nicht die absolute Höhe, sondern die relative. Am Rande flacherer Landschaften gelegen, wirkt auch ein Berg wie der Stollberg – er gilt als Aussichtsbalkon Nordfrieslands – stattlich. Mit 43 m Höhe über Marsch, Watt und Halligen gelegen, erlaubt er einen prächtigen Blick auf den Küstenraum.

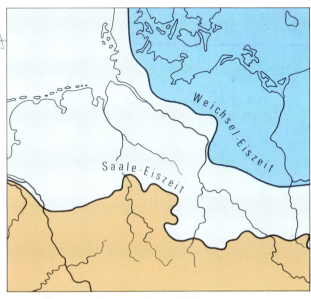

Maximaler Eisrand von Saale- und Weichseleiszeit

Blick von den Altmoränen beim Pumpspeicherwerk Geesthacht über die Elbe auf das niedersächsische Marschacht

Steilabfall der Geest zur Marsch bei Burg/Dithmarschen

Als einziger Ort an der schleswig-holsteinischen Westküste liegt Schobüll nicht hinter Deichen. Die Altmoränen, die bis ans Watt hinabreichen, sind hoch genug, um den Ort vor Sturmfluten zu schützen.

Schwabstedt liegt auf einer Altmoräne der Hohen Geest, vor der die Treene zur Richtungsänderung gezwungen wird. Der mäandrierende Fluß erinnert an die Flußschlingen der Mosel.

Das Tal der Gieselau in der „Dithmarscher Schweiz". Das Flüßchen hat sich tief in die waldreichen Altmoränen bei Albersdorf eingeschnitten.

Vom 27 m hohen Zwieberg in der Landschaft Stapelholm bietet sich ein prächtiger Ausblick auf die Eider- und Sorgeniederung. Der Berg besteht aus saalezeitlichen Ablagerungen von Geschiebemergel, Ton und Sanden.

Die Weichseleiszeit

Die bisher vorgestellten Landschaften entstammen der vorletzten Eiszeit, dem Saaleglazial. Wie sie im einzelnen entstanden sind, wurde bewußt ausgeklammert, denn die Entstehung der Alt- und der Jungmoränenlandschaft unterscheidet sich praktisch nur in der zeitlichen Dimension und in der Reichweite. Während Lage, Erstreckung und Reichweite der Altmoränen bereits erläutert wurden, sollen die zeitlich bedingten Unterschiede zwischen Alt- und Jungmoränen in einem späteren Kapitel behandelt werden. Aus den dargelegten Gründen erscheint es zweckmäßig, die eiszeitliche Moränenbildung am Beispiel der Weichseleiszeit zu betrachten (Jungmoränen) und sie gedanklich auf die Altmoränenlandschaft zu übertragen.

Das Gebiet der jüngsten Eiszeit, des Weichselglazials, erstreckt sich im Osten und in der Mitte des Landes (vgl. Abb. S. 23). Die Gletscher erreichten ihre größte Mächtigkeit vor 20 000 bis 25 000 Jahren. Das nordeuropäische Eis, das in seinem Nährgebiet, den Gebirgen und Hochflächen Skandinaviens, über 3000 m hoch war, besaß in seinem schleswig-holsteinischen Zehr- bzw. Abschmelzgebiet noch Höhen von 300 bis 500 m, das entspricht etwa der vier- bis sechsfachen Höhe des Marine-Ehrenmals in Laboe oder der doppelten Höhe des Kieler Fernsehturms.

Die gewaltigen Massen des Eises, die über Jahrtausende vom Nährgebiet ins Zehrgebiet wanderten, erklären die ungeheuren Gesteinsschuttmengen, die in Skandinavien und am Grund der heutigen Ostsee abgeschliffen, dann abtransportiert und in Schleswig-Holstein abgelagert worden sind. Man kann gar nicht oft genug bewußt machen, daß Schleswig-Holstein nur deshalb entstehen konnte, weil Skandinaviens Gestein seinerzeit auf die Reise geschickt wurde. Die gelieferte Schutt- bzw. Materialvielfalt umfaßt zahlreiche Varietäten von Graniten, ferner Gneise und Feuersteine, Sandsteine und Schiefer, graue Orthozeren- und Backsteinkalke, Basalte und Diabase, Toneisensteine u. a., nicht zuletzt die Fossilien. Ebenso unterschiedlich waren die Korngrößen – vom 200-Tonnen-Felsblock bis zu feinstem Ton in allen Abstufungen.

Der Nigardsbreen in Norwegen. Im Vordergrund eine Endmoräne.

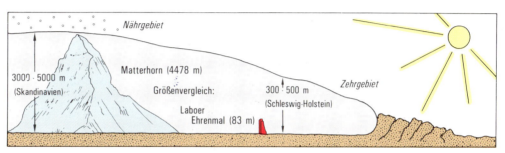

Das Eis im skandinavischen Nährgebiet verlor auf dem Weg südwärts an Mächtigkeit. Immerhin betrug die Höhe des weichselzeitlichen Eises im sommerwarmen Schleswig-Holstein noch die vier- bis sechsfache Höhe des Laboer Ehrenmals.

Die Endmoränen

Sofern die Ablagerungen des Eises an der Stirn von Gletscherzungen erfolgten, sprechen die Glaziologen von Endmoränen. Dieser Typus bildet mit seinem bewegten Relief die markanteste Form der Moränenabsätze. Er kann Höhen von 50, ja über 100 m erreichen. Die Bindung der Endmoränen an die Front des Eises bedeutet, daß der weiteste Vorstoß des Eises durch Endmoränen gekennzeichnet sein muß. Girlandenförmig markieren sie die Randlage des Weichselglazials, das über den östlichen Landesteil bis in die Landesmitte reichte.

Vom Typus her unterscheiden die Eiszeitforscher die Satzendmoräne und die Stauchendmoräne (vgl. Abb. unten). Bei der Bildung einer Satzendmoräne herrschte vorübergehend ein Gleichgewicht zwischen Eisnachschub vom Nährgebiet und dem Abschmelzen im Zehrgebiet. Solch ein Zustand führte zu stationären Eisrandlagen, bei denen immer neu herangeführter Gesteinsschutt aus dem Eis schmolz und an der Stirn abgesetzt wurde. In der Regel überschreitet dieser Typ kaum die 10-m-Höhe.

Während das Eis die Satzendmoräne ohne Druck oder Pressung einfach durch Austauen des Schutts anhäufte, spielt gerade der Druck bei der Stauchendmoräne die entscheidende Rolle. Der Boden, den das druckvoll vorwärtsdrängende Eis überfuhr, wurde ausgeschürft, der Moränenschutt an der Stirn aufgestaucht, in die Höhe gepreßt und bei erlahmender Transportkraft als Stauchendmoräne hinterlassen. Typisch für die Stauchendmoräne ist der nach außen gebogene, in der Mitte am höchsten aufragende Wall. Wer die Entstehung dieses Typs mit der Schubwirkung einer Planierraupe ver-

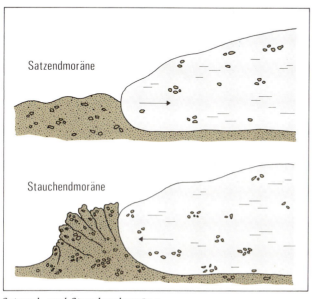

Satzend- und Stauchendmoräne

Gletscherzunge und Stauchendmoräne im Modell

Endmoränenlandschaft der Fröruper Berge

gleicht oder einem Bügeleisen, das an seiner Stirn Falten eines zu bügelnden Tuches aufwirft, hat den passenden Vergleich für die Entstehung der Stauchendmoräne gefunden.

Die beiden Endmoränentypen am äußersten Rand des Weichselglazials machen deutlich, daß die Kette der Endmoränen keineswegs überall klar ausgeprägt ist. Neben einigen besonders massigen Stauchendmoränen, die auf 80 oder 100 m Höhe aufgepreßt worden sind, gibt es verbreitet eher unauffällige Satzendmoränen, die nur wenige Meter Höhe erreichen. Auch auf die Tatsache, daß Endmoränen nicht nur den äußersten Vorstoß des Eises markieren, soll an dieser Stelle bereits aufmerksam gemacht werden. Näheres dazu wird ab Seite 43 ausgeführt.

Herausragende Stauchendmoränen des äußersten Vorstoßes im Weichselglazial sind in Schleswig-Holstein die Fröruper Berge südlich von Flensburg, die als Ergebnis der Ausschürfung von Schlei und Hüttener Autal aufgetürmten Hüttener Berge mit dem 106 m hohen Lehnsberg und dem 98 m hohen Aschberg, die Duvenstedter Berge, die auf engstem Raum das lebhafte Auf und Ab sowie die klassische Schuppenwallstruktur einer Endmoränenlandschaft eindrucksvoll wiedergeben, ferner die Westensee-Moränen (Tüteberg, Kieler Berg u. a.), der Grimmelsberg bei Tarbek/Bornhöved, die Segeberger Moränen, dann die Hahnheide bei Trittau, die Möllner Moränen (Klüschenberg u. a.) sowie die Schaalsee-Moränen bei Seedorf.

Die in den Endmoränen abgesetzten Materialien bestehen aus einem bunten Durcheinander gröberer Korngrößen. Schmelzwasser vom nahen Eisrand haben feine tonige und schluffige Materialien fortgespült. Nicht selten gibt es Anreicherungen großer Geschiebe, das sind Gesteinsblöcke – Findlinge genannt –, die als sogenannte Blockpackungen die Endmoräne durchsetzen. Allerdings sind solche Blockbestreuungen relativ selten an der Oberfläche zu finden. Die meisten wurden bereits gewerbsmäßig abgebaut und als Baumaterial für Häuser, Straßenbeläge oder Molenbauten verwendet.

Endmoränenlandschaft der Hüttener Berge

Blockpackung in der Steilküste

Steinreiche Kiesgrube

Austritt eines untereisischen Schmelzwasserstromes am Gletschertor

Die Entstehung der Sander

Neben den Moränen vor oder unter dem Eis schuf die Eiszeit eine von Nord nach Süd Schleswig-Holstein durchziehende Landschaft, die nicht unmittelbar durch die Einwirkung des Eises, sondern durch sein Schmelzwasser entstanden ist und sich deshalb in Aufbau und Aussehen deutlich von der Hügellandschaft der Endmoränen unterscheidet.

Der Druck der viele hundert Meter mächtigen Eispakete sowie die Erdwärme sorgten am Grunde des Eises für eine Schmelzpunkterniedrigung, so daß der Gletscher hier ständig abtaute. An der Oberfläche schmolz das Eis durch Sommer- bzw. Sonnenwärme. Das Schmelzwasser stürzte in zahlreiche Gletscherspalten, kolkte diese bis zum Eisgrund aus, vereinigte sich dort mit dem durch Erdwärme und Gletscherdruck entstandenen Schmelzwasser und floß in reißenden, subglazialen, d. h. untereisischen Strömen in Richtung Gletscherrand. Das Schmelzwasser konnte unter Druck auch aufwärts fließen. Die gewaltige Strömungsgeschwindigkeit ergab sich aus der Tatsache, daß das Wasser als Höhlenstrom floß, ähnlich wie die unterirdischen Karstflüsse in der Schwäbischen Alb oder in Jugoslawien. Dank dieser Konstellation war die Transportkraft des Stromes so groß, daß er nicht nur Moränenschutt kleiner bis mittlerer Korngröße mitriß, sondern auch größere Findlinge.

Das als Höhlenstrom unter dem Eisrand austretende Wasser durchstieß die Endmoränen, konnte sich plötzlich fächerförmig ausbreiten, verlor den Überdruck des Gletschertunnels und dadurch einen großen Teil seiner Strömungsgeschwindigkeit sowie seiner Transportkraft und setzte mitgeschwemmtes bzw. mitgerissenes Moränenmaterial in typischer Weise ab. Die gröbsten Sedimente, die Findlinge, blieben am bzw. in der Nähe des Gletschertores liegen, während mit wachsender Entfernung vom Eisrand die Korngröße der Ablagerungsschichten abnahm.

Das Schmelzwasser schwemmte die feinsten Bestandteile, die Tone und Schluffe, fort. Übrig blieben Kiese und Sande, im Eistransport zerriebene Reste skandinavischen Urgesteins. Ihr schichtartiger Absatz weist sie als Ablagerung fließenden Wassers aus. Die unterschiedlichen Korngrößen der einzelnen Schichten dokumentieren die wechselnde Wassermenge und Fließgeschwindigkeit des Schmelzwasserstromes. In wärmeren Zeiten mit hohem Wasserabfluß bildeten sich eher gröbere Ablagerungen, während in kälteren Abschnitten mit schwächerer Strömung feinsandigeres Material abgesetzt wurde. Schichtung und Sortierung sind in zahlreichen Kiesgruben gut zu erkennen.

Schmelzwasser durchbricht die Endmoräne

Sanderartige Schmelzwasserabsätze

Nährstoffarme Sandergeest zwischen Flensburg und Leck

Durch den Transport im Schmelzwasser sind Größe, Gewicht und Form des mitgeschleppten Geschiebematerials verändert worden. Ursprünglich eckige, kantige Geschiebe wurden im Schmelzwasserstrom zerkleinert und gerundet. Das geschah einerseits durch den direkten Weitertransport, andererseits durch vorbeiströmendes, schmirgelndes Kies- und Sandmaterial. Es heißt, daß z. B. harte Granite auf einem Transportweg von 25 km bis zur Hälfte ihres Gewichts verlieren konnten.

Die verbreiteten Geröll-, Kies- und Sandlagen heißen Sander (vgl. Abb. S. 35) und bilden in der Mitte Schleswig-Holsteins die Vor- bzw. Sandergeest, oft auch zur Unterscheidung von der Hohen Geest, den saalezeitlichen Altmoränen – als Niedrige Geest bezeichnet. Der Name Geest leitet sich ab von dem friesischen Wort „güst". Eine Landschaft ist „güst" meint, sie ist unfruchtbar, karg, was eben auf die sandig-kiesigen Bodenverhältnisse schließen läßt sowie auf nährstoffarme und trockene Böden der Sander.

Kiesabbau auf der Sandergeest vor den Endmoränen der Hüttener Berge (bei Brekendorf)

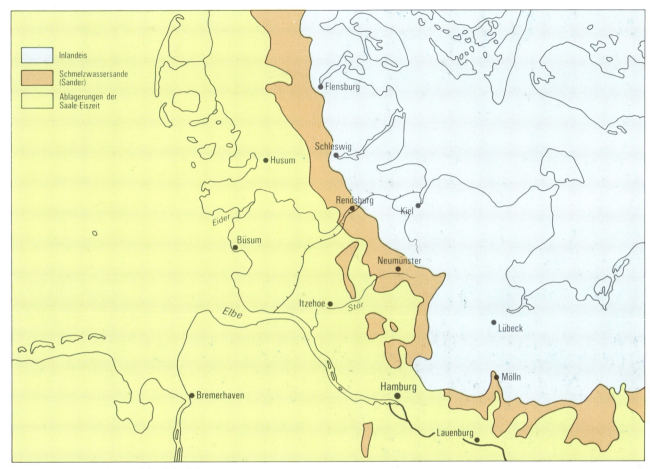

Schleswig-Holstein im Weichselglazial

Die dank ihrer Entstehung scheinbar tischebene, in Wirklichkeit jedoch leicht geneigte Sandergeest mit ihren Schwemmfächern ist eine der Hauptlandschaften Schleswig-Holsteins. Sie liegt – grob betrachtet – westlich der äußersten Ausdehnung weichselzeitlicher Endmoränen und zwar westlich von Flensburg, Schleswig, Rendsburg, Emkendorf, Nortorf, Einfeld, Bornhöved, Segeberg, Sieversbütten sowie südlich von Mölln und bei Zarrentin. Nur im Bereich von Südholstein, am Hamburger Stadtrand, fehlen teilweise die breiten Sanderflächen. Hier lagerte das Weichseleis unmittelbar an bzw. auf saalezeitlichen Moränen, so daß keine breiten Sander entstehen konnten. In der Nähe des Elburstromes gelegen, gab es ein starkes Gefälle. Daher schuf der konzentrierte Wasserabfluß Rinnensander statt der fächerartigen Sanderbildungen, z. B. in den Tälern von Alster und Bille.

Im Schmelzwasserstrom gerundete Steine

Die Urstromtäler

Blicken wir zurück zum Eisrand! Das Schmelzwasser transportierte und lagerte Geröll, Kies und Sand ab. Wo aber blieb das milchig-trübe Gletscherwasser, das in wildverzweigten Bächen und Rinnen über die Schwemmfächer pendelte? Die ungeheuren Wassermengen konzentrierten sich in sogenannten Urstromtälern, in breitsohligen Tälern, die als Hauptentwässerungsläufe den Abfluß in Richtung Nordsee besorgten. Einer dieser Urströme war die Eider, die eine Vielzahl von Schmelzwasserrinnen bündelte, selbst aber ein vergleichsweise kleiner Nebenstrom des bedeutendsten Schmelzwassersammlers Norddeutschlands, der Elbe, war. Die Mündung der Eider in die Elbe lag weit in der damals trocken liegenden Nordsee.

Das heutige Eidertal (Abb. S. 37 oben rechts) mit der breiten Talaue, die kaum über dem Niveau des relativ schmalen Flusses liegt, verrät dem Kundigen, daß hier einst sehr viel mehr Wasser floß als heute. Als Urstrom füllte die Eider ein kilometerbreites Tal aus. Von allen Seiten strömten Zuflüsse in dieses Tal, und die vereinigten Wassermassen bahnten sich ihren Weg durch die Altmoränen, schufen Holme und Horste sowie Kliffe an den unüberwindbaren Moränen des Saaleglazials, wie z. B. bei Süderstapel. Der heutige Flußlauf ist geradezu winzig im Vergleich zum damaligen Urstrom. Nur in besonderen Situationen deutete das Eidertal bis in die jüngere Vergangenheit seine ursprüngliche Breite an. Insbesondere bei Sturmfluten, wenn das Meer in den Mündungstrichter eindrang und die Eider über die Ufer trat. Ein Deichkorsett beidseitig des Flußlaufes sowie einige Abschottungsmaßnahmen und Siele verhinderten die Überschwemmungsgefahr nur beschränkt. Erst die 1973/74 erfolgte Inbetriebnahme des von 1968 bis 1972 an der Mündung erbauten Eidersperrwerkes brachte die Sicherheit vor großflächigen Überflutungen.

Im Vergleich zum größten Urstrom Norddeutschlands, der Elbe, ist der Eiderurstrom nur klein. Nirgendwo strömten die Schmelzwasser so kräftig wie im Urstromtal der Elbe, deren Mündung vor 10 000 bis 12 000 Jahren im Bereich der heutigen Doggerbank lag. Deutlicher als die Eider bietet uns die Situation der Elbe bei Lauenburg einen Vergleich des früheren Urstroms mit dem heutigen Flußlauf. Zwischen Lauenburg und Geesthacht, wo jetzt der 250 m breite Elbstrom fließt, lag in der frühen Nacheiszeit das rechte Ufer des Urstromes mit dem noch heute unübersehbaren Steilufer der Altmoränen. Das linke Ufer lag 10 km auf niedersächsischem Gebiet, vor jenen Altmoränen, wo jetzt das Schiffshebewerk Scharnebeck die Binnenschiffe aus dem Elbe-Seiten-Kanal, d. h. aus dem Niveau des Urstroms, auf die Höhe der niedersächsischen Moränen hebt. Zur heutigen Elbmündung hin nahm der Urstrom weiter an Breite zu, was auf der Karte der Naturlandschaften (Abb. S. 108) gut erkennbar ist. Die Breite der Urelbe deckt sich etwa mit den beiderseits der Ufer tiefgrün gekennzeichneten Elbmarschen. Hier erreichte der Elbeurstrom eine Breite von 20 bis 30 km.

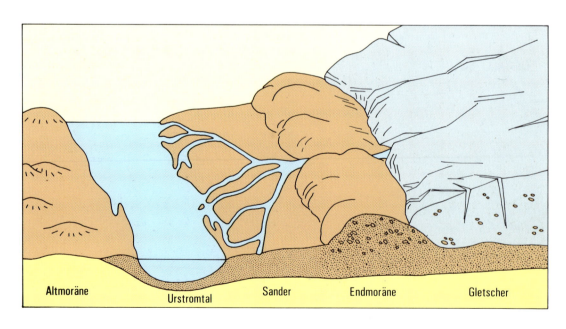

Profil vom Eisrand über den Sander zum Urstromtal

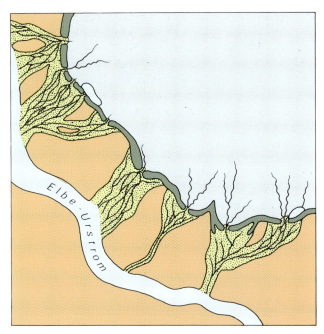

Die breite Urstromniederung der Eider im Stapelholm

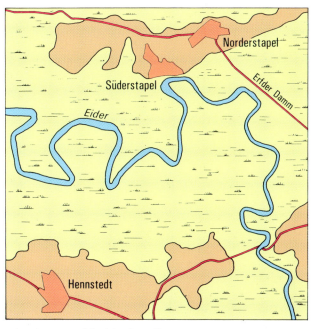

Schmelzwasserabfluß in den Elbe-Urstrom

Urstromtal der Eider bei Süderstapel

Die Eider bei Lexfähre. Schleswig-Holsteins größter Fluß war einst ein mächtiges Urstromtal, das die Schmelzwasser aus dem Nordosten des Landes sammelte und sie dem noch weitaus größeren Elbe-Urstrom zuführte. Der Zusammenfluß beider Ströme erfolgte tief im damals landfesten Bereich der heutigen Nordsee.

Die Elbe bei Lauenburg. Die Elbe als reißender Urstrom hat zwischen Lauenburg und Geesthacht aus den Altmoränen ein Steilufer herausgeschnitten, auf dem Schloß und Oberstadt von Lauenburg liegen. Auf niedersächsischer Seite erstreckte sich der Urstrom bis nach Scharnebeck und hinterließ einen breiten, ebenen Talboden.

Der 44 m hohe Schloßberg von Lauenburg

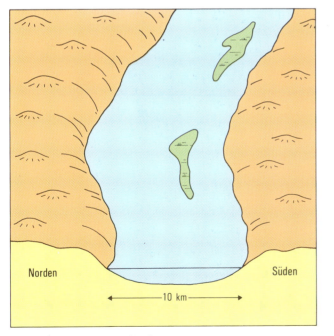
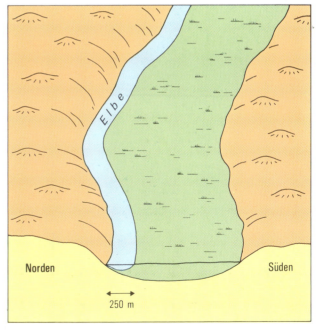

Elbe-Urstrom früher – Elbe heute.
Linkes Ufer: Steilhang der Altmoränen zwischen Geesthacht und Lauenburg. Rechtes Ufer: Altmoränen nördlich von Lüneburg.

Die Grundmoränenlandschaften

Die bisherigen Betrachtungen galten dem Vorrücken der Eisfront mit der Bildung von Endmoränen und den fluvioglazialen, d. h. durch das Schmelzwasser entstandenen Landschaftselementen der Sander und Urstromtäler. Welche Formen und Ablagerungen erzeugte das Eis auf seinem Rückzug?

Zunächst einmal ist der verbreitet gebrauchte Begriff des „Rückzugs" falsch. Der Gletscher kennt stets nur die vorwärts gerichtete Bewegung. Gibt er ehemals vergletschertes Gebiet frei, bedeutet es, daß der Abschmelzvorgang im Zehrgebiet stärker ist als der Nachschub aus dem Nährgebiet. Begrifflich richtiger ist es, vom Zurückschmelzen des Eisrandes zu sprechen.

Dabei wurde der am Eis eingebundene und am Grund mitgeschleppte Moränenschutt als Grundmoräne abgesetzt. Bei der Entstehung der kuppigen Grundmoränenlandschaft kam als Besonderheit hinzu, daß das relativ geringmächtige Eis im Zehrgebiet stark von Gletscherspalten durchsetzt war, die durch Spannungen im begrenzt plastischen Eiskörper entstanden, z. B. bei der

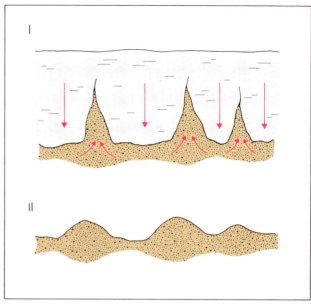

Entstehung kuppiger Grundmoränen durch Ausfüllen von Eisspalten mit ausgetautem Grundmoränenmaterial. Die flachwelligen Formen bildeten sich nacheiszeitlich durch Fließerdebewegungen (vgl. dazu Abb. S. 69 links).

Kuppige Grundmoränenlandschaft bei Eutin

Blick von der Hessenstein-Endmoräne auf die flache Grundmoränenlandschaft der Probstei

Überwindung von Reliefhindernissen (Eisrisse an der Oberfläche). Wenn der Gletscher einem Gefälle folgte, gab es Dehnungserscheinungen am Grunde des Eises, die dort zu Querspalten führten. Die Spaltenbildung läßt sich gut mit einem nach oben bzw. nach unten gebogenen Radiergummi verdeutlichen. Oft wurden diese Spalten durch Schmelzwasser verbreitert.

Last und Druck des immerhin noch mehrere 100 m mächtigen Eises ließen den aufgetauten Grundmoränenschutt in die Spalten hineinquellen und sie ausfüllen. Nach dem vollständigen Zurückschmelzen des Eises blieben die Spaltenfüllungen als Hügelformen stehen, veränderten allerdings ihre Steilwandigkeit zugunsten sanfter, flachwelliger Formen aufgrund von Solifluktionsvorgängen (vgl. Abb. S. 69 links).

Als letzte Landschaft in Schleswig-Holstein gab das Eis den äußersten Osten frei, den Küstenraum der Ostsee. Auf Fehmarn, im Wagrischen Winkel, in den küstennahen Gebieten von Angeln und der Probstei entstand die flache Grundmoräne. Weit entfernt vom äußersten Eisrand gab es kaum Gletscherspalten. Die gegen Ende der Eiszeit steigenden Temperaturen sorgten dafür, daß der Abschmelzprozeß des Eises weitgehend störungsfrei und ohne große Unterbrechungen verlaufen konnte. Das bewegungslos gewordene Eis taute nieder und ließ den eingebundenen Gesteinsschutt ausschmelzen. Zunächst reicherte er sich an der Oberfläche des Eises in Form

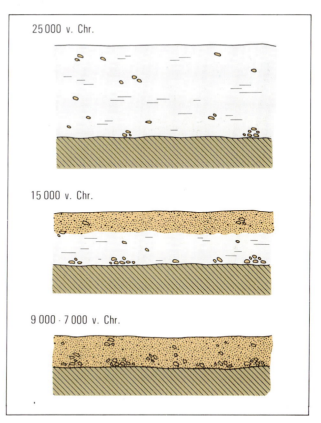

Entstehung der flachen Grundmoränen (Erläuterung s. Text)

Die glaziale Serie

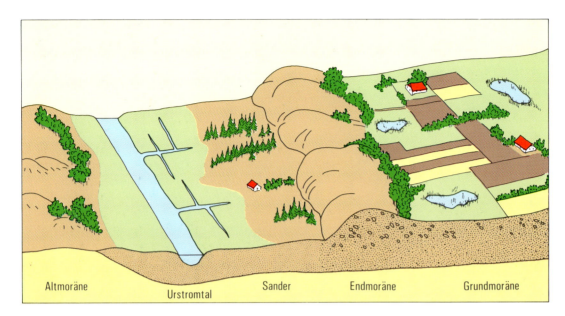

Altmoräne | Urstromtal | Sander | Endmoräne | Grundmoräne

einer isolierenden Deckschicht an, die das weitere Niedertauen des toten Gletschers verzögerte. So geschützt war das Eis erst nach einigen Jahrtausenden und weiterem Anstieg der Temperaturen endgültig niedergeschmolzen. Der freigekommene Gesteinsschutt vereinigte sich mit dem Grundmoränenschutt, den das Eis an seiner Unterseite auf der Wanderung von Skandinavien nach Schleswig-Holstein mitgeschleift hatte.

Auf diese Weise wurden die sandigen, kiesigen und tonigen Materialien sowie die gröberen Geschiebe in bunter Durchmischung und unter Ausschluß von Druck- und Schürfvorgängen flach abgesetzt. Vor allem blieb den Böden Ausspülung erspart. Unter Landwirten und Fachleuten bekannt ist der Kalkreichtum des sogenannten Geschiebemergels, dem die flache Grundmoräne ihre hohe landwirtschaftliche Ertragskraft verdankt.

Die glaziale Serie

Die bisher vorgestellten Landschaftselemente der Eiszeit sind in der Reihenfolge ihrer Entstehung erläutert worden. Von der weitesten Ausdehnung des Eises mit den Endmoränen, dem Verbleib der Schmelzwassersande und -kiese auf den Sandern und dem Abfluß des Wassers im Urstromtal ging die Betrachtung anschließend zu den kuppigen und dann zu den flachen Grundmoränen. In zonaler Ost-West-Richtung betrachtet, sieht die von Eiszeitforschern als „glaziale Serie" bezeichnete Anordnung folgendermaßen aus:

> flache Grundmoräne
> kuppige Grundmoräne
> Endmoräne
> Sander
> Urstromtal

Mit der glazialen Serie wird der eiszeitliche Hauptformenschatz modellhaft auf alle Glaziallandschaften erfaßt. Die Serie hilft zu verstehen, welche Auswirkungen das Eis bzw. sein Schmelzwasser in Schleswig-Holstein hatten. Wie jedes Modell dient die Serie dem Verständnis, der leichteren Einprägung. Das gelingt allerdings nur durch Vereinfachung. Forscht man tiefer, ergeben sich interessante Fragestellungen, die scheinbar nicht mit dem Modell der glazialen Serie in Einklang zu bringen sind. Bei näherer Betrachtung aber bietet gerade das Modell die Grundlage dafür, die vermeintlichen Widersprüche zu klären.

Bei den folgenden Elementen des glazialen Formenschatzes wird auf die Vorstellung von Details und Einzelformen wie Oser, Kames, Drumlins verzichtet und stets die Anlehnung an die glaziale Serie gesucht, so daß der Blick für den großen Zusammenhang erhalten bleibt.

Schwankungen des Eisrandes

Welches sind die scheinbaren Widersprüche zum Modell der glazialen Serie? – Es wurde ausgeführt, daß die weiteste Ausdehnung der Weichseleiszeit in den Endmoränen an der Nahtstelle zur Sandergeest ablesbar ist und daß im rückwärtigen Anschluß kuppige und schließlich flache Grundmoränen folgen. Diese Anordnung kann nur eine grobe Hilfskonstruktion sein; denn wie die Abb. unten zeigt, sind Endmoränenzüge im gesamten Jungmoränenland verbreitet. Sie finden sich in der Holsteinischen Schweiz ebenso wie in Ostseenähe, und selbst im Gebiet der flachen Grundmoräne gibt es einzelne, auf der Karte nicht verzeichnete Endmoränen, z. B. bei Heiligenhafen.

Wenn bisher vom äußersten Eisrand die Rede war, dann schließt das keineswegs das Vorhandensein weiterer Eisrandlagen aus, die in der Tat die entscheidende Voraussetzung für die Entstehung der Endmoränen darstellen. Das nordische Eis hatte in der kältesten Phase, seinem Höhepunkt, die westlichste und südlichste Erstreckungsgrenze erreicht. Aber das Rückschmelzen des Eises und die Freigabe der Grundmoränenlandschaften vollzogen sich nicht kontinuierlich, sondern oszillierend, d. h., der Eisrand schwankte in Abhängigkeit und im Wechsel von kälteren und wärmeren Phasen während des Spätglazials. Kältere Abschnitte der ausklingenden Eiszeit waren gekennzeichnet durch Vorstöße einzelner Gletscher, die dem allgemeinen Eisrand voraneilten. Diese Gletscher hinterließen im Grundmoränenland Endmoränen, oft mehrere Endmoränenzüge hintereinander, die als Rückzugstaffeln den durch kleinere Vorstöße und stationäre Phasen unterbrochenen Abbau des Inlandeises dokumentieren. So ist es im Einzelfall schwierig zu entscheiden, ob die Hügel durch Spalten-

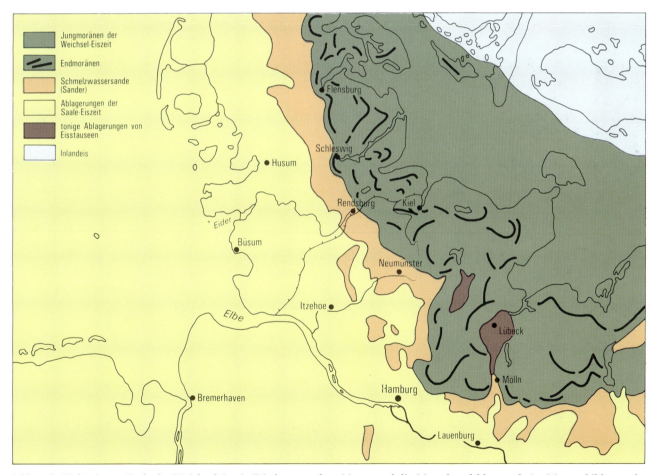

Schleswig-Holstein am Ende der Weichseleiszeit. Die küstennahen Meere und die Marschen fehlen noch. Im Westen bilden saalezeitliche Ablagerungen den Grund für die später eindringende Nordsee.

Der Bungsberg ist Schleswig-Holsteins höchster Berg. Nach einer Neuvermessung im Jahre 1982 beträgt seine Höhe 166,6 m.

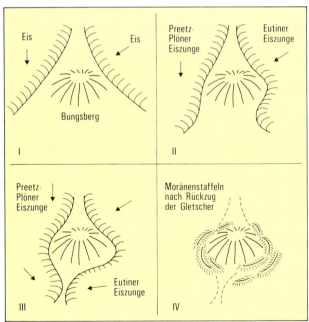

Der Bungsberg als eisfreie Insel (Nunatak) zwischen Gletscherzungen

füllungen (Abb. S. 40 oben) oder durch Stauchung oder durch Ausschmelzen am stationären Gletscherrand entstanden sind.

Wenn allerdings – dies dürfte nur auf den ersten Blick Verwirrung stiften – im rückwärtigen Jungmoränenland Sander auftreten, deren Kieslagen in Gruben abgebaut werden, dann wird die Zusammengehörigkeit des Systems Endmoräne – Sander deutlich. Tatsächlich sind zahlreiche sogenannte Binnensander im Grundmoränenland verbreitet. Durch ihre Bindung an einzelne, vom Eisrand vorgestoßene Gletscherzungen sind diese Sandschüttungen natürlich deutlich kleiner als die großen, landschaftsgestaltenden Geestsander.

Schleswig-Holsteins höchster Berg, der 167 m hohe, im rückwärtigen Grundmoränenland liegende Bungsberg, ist sogar älter als die Kette der äußersten Endmoränen. Er wurde in einer früheren weichseleiszeitlichen Ära als größte schleswig-holsteinische Endmoräne aufgetürmt. Als in einer späteren Phase der Eiszeit die Gletscher ihn überfahren, einebnen und abtransportieren wollten, zerbrach das begrenzt flexible Eis in zwei Eiszungen, die den Berg zangenförmig umflossen und dabei mehrere

Moränenstaffeln um den Bungsberg legten. Erst jenseits des allzu mächtigen Hindernisses, im flachen Gelände nördlich von Malente, vereinigten sich die Preetz-Plöner und die Eutiner Eiszunge wieder. Der Bungsberg selbt ragte als eisfreie Insel aus einem Gletschermeer heraus (Abb. S. 44 unten). Eiszeitforscher nennen solche Erscheinungen mit einem grönländischen Wort: Nunatak. Ein weiterer charakteristischer Nunatak in der Nähe des äußersten Eisrandes ist der 78 m hohe Klingberg, 8 km westlich von Bad Oldesloe gelegen.

Darüber hinaus liegen zahlreiche, beachtliche Höhen erreichende Endmoränen mitten in der kuppigen Grundmoränenlandschaft und dokumentieren einzelne, aber kräftige späteiszeitliche Gletschervorstöße.

Ein markanter Berg ist der 71 m hohe Scheersberg in Angeln, auf dem einer der im Lande nach Bismarck benannten Aussichtstürme den Rundblick auf die Angeliter Grundmoränenlandschaft, die Ostsee und nach Flensburg bietet. Zahlreiche Findlinge liegen als Zeugen eiszeitlicher Vorgänge auf dem Berg oder in seiner Nähe.

Der Parnaß in Plön ist eine 64 m hohe Endmoräne – wiederum mit Aussichtsturm –, die einen der wohl schönsten Ausblicke auf die Seenlandschaft der Holsteinischen Schweiz gestattet.

In der Herrschaft „Hessenstein" bei Lütjenburg unweit des Gutes Panker liegen der Pilsberg (128 m) und der Strezer Berg (131 m), die durch Kerbstauchung zwischen zwei Gletschern (Selenter Gletscher und Futterkamper Eiszunge) aufgepreßt wurden.

Der 94 m hohe Gömnitzer Berg, 5 km westlich von Neustadt, ist der zweithöchste Berg Ostholsteins. Ihn ziert ein backsteinerner Turm, der im 19. Jahrhundert als Seezeichen für die Schiffahrt in der Lübecker Bucht diente. Auch der Pariner Berg (72 m) oberhalb von Bad Schwartau trägt einen besteigbaren Aussichtsturm, die Bismarcksäule. Der lohnenswerte Blick geht in das eiszeitliche Becken der Hansestadt Lübeck.

Der 71 m hohe Scheersberg in Angeln

Der Gömnitzer Berg (94 m) mit dem historischen Seezeichen

Binnensander am Endmoränenrand bei Malente

Die Entstehung der Seen

a) Eisstauseen

Die schleswig-holsteinischen Seen füllen Hohlformen, die das Gletschereis oder sein Schmelzwasser geschaffen haben. Die beiden Haupttypen, Zungenbeckenseen und Rinnenseen, hatten am Ende der Eiszeit bereits Vorläufer, die Eisstauseen.

Zwischen dem zurückweichenden, über längere Zeiträume aber auch stationären Eisrand und den Endmoränenwällen hatte das ehemals vorwärtsdringende Eis Becken geschaffen, die sich mit milchig-trübem Schmelzwasser füllten und zu Seen wurden, zu Eisstauseen. Sie waren in den Eiszeitwintern mit Eis bedeckt. Dadurch kam das Wasser zur Ruhe, und die allerfeinste, im Wasser schwebende Gletschertrübe konnte sich als toniges Sediment auf den Grund des Sees setzen. In den Sommermonaten war das Wasser unruhiger. Die Eisdecke war verschwunden; Schmelzwasserzufluß und Wellenschlag sorgten für Bewegung. Nicht die Gletschertrübe kam zum Absatz, sondern die nächstgrößeren Mineralkörnchen, die feinsandigen Schluffe. So entstanden Wechsellagerungen zwischen dunkelgrauem Ton und hellem Feinstsand. Diese Bänderung wird als Warv bezeichnet, die allerdings im Falle kleinerer Eisstauseen dadurch gestört wurde, daß Niederschläge auf die ungeschützten Ufer auch gröbere Hangmaterialien in den See spülten und somit die Einschwemmungen aus manchen Niederschlagsperioden als Absätze auf den Seegrund sanken.

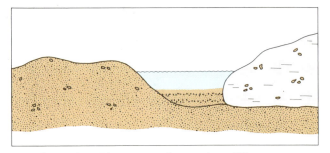

Entstehung eines Eisstausees mit warwigen Ablagerungen

Die meisten Eisstauseen sind verschwunden, oder es haben sich nur an ihrer tiefsten Stelle kleinere Seereste erhalten. Das Entleeren der Seen erfolgte, indem das Wasser durch Überlaufen den eingrenzenden Moränenriegel durchnagte oder durch das Zurückweichen der Eiswand. Größter verbliebener See ist der Wardersee bei Bad Segeberg. Aber auch er ist nur ein Überbleibsel des ehemaligen Eisstausees (vgl. Abb. S. 108). Ein kleinerer Eisstauseerest ist der Benzer See im Benzer Becken bei Malkwitz, nahe Malente.

Überall, wo Tone abgebaut wurden oder werden, wo Ziegeleien Ton zu Backstein verarbeiten, kann ein solcher See gewesen sein; denn Ton setzt sich nur in stillem Wasser ab. Der mit Abstand größte Eisstausee im Lande war der im Lübecker Becken (vgl. Abb. S. 108). 300 Jahre lang hatte der Eisstausee Bestand. In dem weiträumigen Becken setzten sich jene Rohstoffe ab, mit denen die hansestädtische Backsteinkultur so vollendet entwickelt wurde wie in kaum einer anderen norddeutschen Stadt.

Der Wardersee (Kreis Segeberg) ist der Rest eines ehemaligen Eisstausees.

Das Lübecker Becken bot dem größten Eisstausee im Lande Platz. Als das Eis wich, lief der See leer.

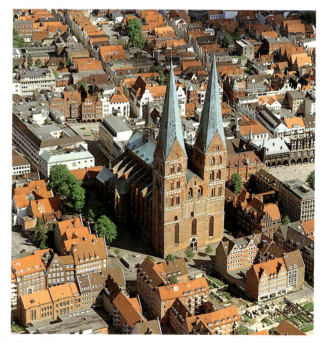

Aus den tonigen Ablagerungen des Eisstausees bauten die Lübecker das Holstentor und die Marienkirche.

b) Zungenbeckenseen

Wie schon an anderer Stelle aufgeführt, war das Rückschmelzen des Eisrandes in der Spätphase der Eiszeit mehrfach durch erneute Vorstöße unterbrochen. Vorübergehend absinkende Temperaturen und ein verstärkter Eisdruck durch vermehrten Schneefall im Nährgebiet veranlaßten jedoch selten das Vorrücken des gesamten Eisrandes als vielmehr einzelner Gletscherzungen. Die vorstoßenden Zungen hatten eine steile Stirn (vgl. Abb. S. 29 unten); denn wegen des Block- und Geschiebereichtums am Grunde des Eises sowie der Bremswirkung der Geländeunebenheiten bewegten sich die höheren Eispartien rascher als die unteren. Die steilgestellte Eiszunge schürfte nun in dem tiefgründigen Moränenschutt vorausgegangener Eisüberdeckung hinein, räumte ihn aus, schob ihn vor sich her und setzte ihn bei erlahmender Transportkraft als Endmoränenwall ab. Beim Rückschmelzen des Eises gab es die Hohlform frei, die nicht selten am rückwärtigen Ende mit einer weiteren Endmoräne abgeriegelt wurde. Da auch an den Flanken der Hohlform durch den Tiefenschurf des Gletschers Seitenmoränen abgesetzt wurden (vgl. Abb. S. 49), entstand als Ergebnis eine geschlossene Hohlform, die sich in der Nacheiszeit mit Fluß- oder mit Grundwasser füllte und so zu einem See wurde.

Für den Typ des Zungenbeckensees – in der Literatur gelegentlich auch treffend als Endmoränenwannensee bezeichnet – gibt es in der jungglazialen Landschaft kein besseres Beispiel als den Wittensee, einen der großen Seen Schleswig-Holsteins (vgl. Abb. S. 49). Eine Eiszunge aus der Eckernförder Bucht stieß bis zum heutigen Wittensee vor, schürfte – wie oben beschrieben – die Hohlform aus und lagerte den „Aushub" in Form einer Stauchendmoräne, den Duvenstedter Bergen, ab. Diese bewegte Hügellandschaft – sie besitzt die eindrucksvollste Schuppenwallstruktur des Landes – entspricht vom Volumen her und zusammen mit den Wülsten der Seitenmoränen dem Inhalt des Sees. Anders ausgedrückt: Mit Seitenmoränen und Stirnwällen ließe sich der Wittensee wieder verfüllen. Eine interessante, aber bei 127 Millionen m³ Erdreich kaum lösbare Aufgabe.

In den weiteren Rückzugsphasen des Eises kam es zu einem erneuten Vorstoß der Gletscherzunge, die dieses Mal den Wall der Habyer Berge als rückwärtigen Riegel für den Wittensee aufwarf. Damit war die Hohlform geschlossen. Für die 25 m Wassertiefe sorgten nacheiszeitlich das Grundwasser und einige kleinere Auen.

Zungenbecken- bzw. Endmoränenwannenseen sind im schleswig-holsteinischen Jungmoränenland häufiger anzutreffen. Klassische Beispiele sind der Selenter See und der Westensee. Darüber hinaus finden wir diesen Seetyp meist dort, wo der deutliche Zusammenhang zwischen der Endmoräne und der Hohlform regelrecht ins Auge springt, wo sich also Berge in auffälliger Weise über den Seespiegel erheben.

Das Moränenmaterial des Tüteberges lag einst am Grund des Westensees.

Blick vom Steilufer bei Bellin auf den Selenter See.

So entsteht ein Zungenbecken mit End- und Seitenmoränen.

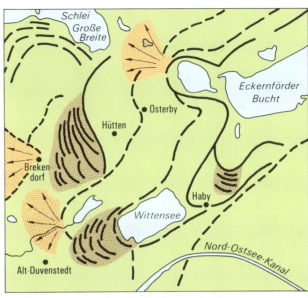
Der Wittensee – ein Zungenbeckensee. Die Duvenstedter und die Habyer Stauchendmoränen riegeln ihn ab.

Wie eine Riesenfaust schuf ein vorrückender Gletscher die Wanne des Wittensees.

Der Große Eutiner See ist nur einer unter den zahllosen reizvollen Seen der Holsteinischen Schweiz, deren Hohlformen und Wannen durch Gletscherschurf und Eisdruck entstanden sind.

Aus dem Bereich des Plöner Sees vorrückendes Eis hinterließ die Endmoränenkette Ascheberg-Koppelsberg-Plön-Parnaß-Behl. Die Endmoränen bilden zwischen einer Vielzahl von Seen eine Landbrücke, auf deren zentralem Teil die Stadt Plön liegt.

Aus der Vogelschau wird die halbinselartige Lage der Möllner Altstadt deutlich. Endmoränen gliedern und umgeben den Möllner Stadtsee und den Schulsee.

Domhalbinsel im Ratzeburger See. Auch diesen See schürften Gletscherzungen aus den Moränenabsätzen. Die hoch aufragende Moränenhalbinsel ist allerdings nicht das Ergebnis der Schürfkraft, sondern der Akkumulationskraft des Eises.

c) Rinnenseen

Nicht die ausräumende Tätigkeit des Eises, sondern dessen Schmelzwasser formte den weiteren wichtigen Verbreitungstyp der Seen, den Rinnensee. Das Schmelzwasser von der Gletscheroberfläche stürzte in Eisspalten und vereinigte sich mit dem am Grund ausschmelzenden Wasser. Dort floß es in Eistunneln in Richtung auf das Gletschertor. Unter dem Druck des Gletschers waren die Strömungsgeschwindigkeit und die Erosionskraft des Höhlenstroms so groß, daß er sich tief in den Moränenschutt einfräste und dabei steilwandige, langgestreckte Hohlformen schuf. Aus dem subglazialen Tunneltal strömte nach Verlassen des Eises ein Gletscherfluß, der die Erosion vor dem Eis fortsetzte, wenngleich auch – da im Freien – mit gebremster Wirkung. Ob unter oder vor dem Eis, in jedem Fall entstanden Talformen, Rinnen, die allerdings nicht selten spätglazial vorrückenden Eiszungen als richtungweisende Betten dienten und dadurch eine weitere Vertiefung und Verbreiterung erfuhren. Bei solchen Vorstößen konnte das Eis Querriegel absetzen, die den Rinnenverlauf unterbrachen und die, falls mächtig und hoch genug, dafür verantwortlich sind, daß die nacheiszeitlich entstandenen Seen oft kettenartig bzw. perlschnurartig angeordnet sind, z. B. die Kette Pohlsee – Brahmsee – Borgdorfer See oder Schmalsee – Lüttauer See – Drüsensee – Krebssee im Naturpark Lauenburgische Seen sowie auch die Seenreihe Dieksee, Langsee, Behlersee, Edebergsee, Höftsee (5-Seen-Fahrt) in der Holsteinischen Schweiz. Die meisten Rinnenseeketten sind durch Flußläufe verbunden. Die Schwentine z. B. entwässert die zuletzt genannten fünf Seen.

Der Flemhuder See verrät durch die schmale, langgestreckte Form seine Tunneltalgenese. Ursprünglich war der See wesentlich größer. Beim Anschnitt durch den Bau des Nord-Ostsee-Kanals wurde der Flemhuder See abgesenkt.

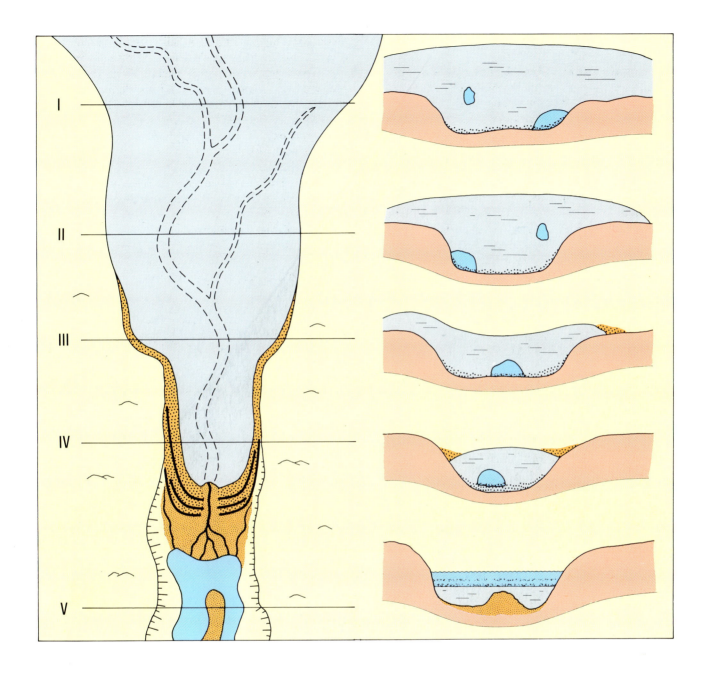

Tunneltal in Karte und Schnitt (nach Gripp):

1. Eistunnel verläuft mitten im Eiskörper, ein zweiter befindet sich bereits am Grunde.
2. Die beiden Eistunnel haben sich vereint, ein weiterer tritt hinzu. Der untereisische Fluß mäandriert (fließt windungsreich).
3. Der Höhlenstrom schneidet ein Tal ein.
4. Das Tal bietet später einer Eiszunge die Möglichkeit vorzudringen. Zwischen 4 und 5 hat sie mehrere Stirnmoränen aufgehäuft. Hier liegt auch das Gletschertor.
5. Sandig-kiesige Absätze hinterlassen wallartige Ablagerungen (Oser) im Tunneltal. Das Toteis schwindet.

Die im Luft- und Kartenbild dargestellte typische Rinnenseekette Schmalsee, Lüttauer See, Drüsensee, Krebssee zeigt deutlich die perlschnurartige Anordnung der Seen. Sie liegen im Hellbachtal, einer eiszeitlichen Schmelzwasserrinne, die Verbindung zum Ratzeburger See besaß. Sie hat sich tief in den Grambeker Sander eingeschnitten. Der Hellbach verbindet die malerisch gelegenen Seen miteinander.

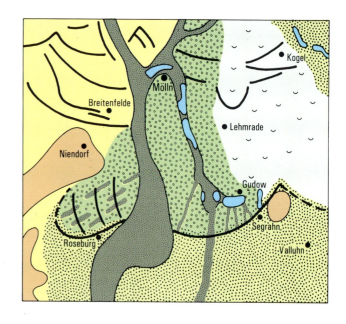

Lage des Möllner Sanders (nach Gripp)

- Saalezeitliche Höhen
- Grambeker Sandergebiet
- Büchener Sanderebene
- Rinnen
- Niedertaulandschaft
- Randlagen der letzten Vereisung

Die Seenkette Schmalsee–Lüttauer See–Drüsensee im Herzogtum Lauenburg folgt einem eiszeitlichen Tunneltal.

Dem Langsee in Angeln sieht man die Entstehung aus einer eiszeitlichen Schmelzwasserrinne an.

Das Wasser im Garrensee bei Ratzeburg ist so klar wie in kaum einem anderen See Schleswig-Holsteins. Das verdankt er seiner Entstehung in einer untereisischen Schmelzwasserrinne, aus der die feinen und nährstoffreichen Materialien ausgespült wurden. Außerdem ist er allseitig von Wald umgeben, so daß der Nährstoffeintrag durch die Landwirtschaft unterbleibt.

Toteis als Landschaftserhalter

Die Stirn der vorrückenden Gletscherzungen pflügte sich tief in den Moränenschutt hinein. Schmelzwasser unter und vor dem Eis präparierte Rinnen im Gelände. In der randeiszeitlichen Lage konnten allerdings Hohlformen, Senken, Rinnen und Wannen, durch Schmelzwasserablagerungen verschüttet und nivelliert werden. Aber, so wie das sich bewegende Eis die Formen schuf, so sorgte sterbendes Eis (Toteis) für deren Konservierung und verhinderte ihre Auffüllung.

Die Gletscherzungen in den Wannen oder Schmelzwasserrinnen machten die allgemeine Rückentwicklung der Eisfront nicht mit, sondern wurden vom Rand des Eises abgetrennt und blieben als mächtige Eisblöcke in den Hohlformen liegen. Die vom zurückweichenden Eis geschichteten Schmelzwassersande hätten zwar vorhandene Täler auffüllen können, aber das verhinderte das Toteis. In Schmelzwasserrinnen übernahm gelegentlich Wintereis diese Funktion. Statt der Verschüttung der Täler wurden nun Sedimentschichten über das Eis gebreitet, die es vor raschem Niedertauen schützte. Dank der konservierenden bzw. isolierenden Deckschichten schmolz das Toteis erst nach Jahrhunderten oder Jahrtausenden. Es gab die Hohlform frei, die sich dann mit Wasser füllte, als der Eisrand längst aus Schleswig-Holstein verschwunden war.

Die Entstehung der Seen faßt der Geologe Gripp folgendermaßen zusammen:

Weichseleiszeit (80 000 bis 15 000): Die Wannen, Senken, Becken wurden durch das Eis ausgeschürft.

Rückzug des Eises (um 15 000): Vorstoßendes Eis gibt es nicht mehr. Die Gletscher tauen nieder. Der Moränenschutt wird verflüssigt. Tiefer gelegenes Eis wird durch isolierende Deckschichten als Toteis bewahrt. Darüber bilden sich in der Spätphase erste flache Seen. Die Ufer des Plöner Sees lagen damals 16 m höher als heute.

Ältere Subarktische Zeit (14 500 bis 9800): Der Boden ist tief gefroren (Dauerfrostboden). Oberflächlich taut er in den Sommermonaten auf. Tundra-Vegetation wandert ein. Sie vermag das Bodenfließen der Auftauschicht nicht zu stören. Hohlformen ohne Eisplombe werden durch Fließerde aufgefüllt. Toteis wird kaum aufgezehrt. Vorhandene Seen bleiben flach. Die Brandungswirkung an den Ufern ist gering.

Alleröd-Warmzeit (9500 bis 8800): Ein erstes Tieftauen setzt ein. Das Toteis schmilzt. Das durch Fließerde bereits etwas ausgeglichenere Relief wird neu belebt. Zahlreiche Hohlformen entstehen. Vorhandene Seen werden tiefer. Die Schwentine schneidet stärker ein und zapft den Plöner See an. Sein Niveau sinkt von 43 m auf 27 m.

Jüngere Subarktische Zeit (8800 bis 8500): Ein Kälterückfall setzt ein. Das Tieftauen wird gestoppt. Die Seeufer sind noch ungeschützt. Uferbewuchs, Schilfgürtel fehlen. Deshalb schlagen die Brandungswellen Terrassen in die Seeufer.

Präboreal (Vorwärmezeit 8500 bis 7000): Die Klimaerwärmung setzt sich endgültig durch. In dieser Zeit des

Die Entstehung einer Toteishohlform im Experiment

Der grundlose Kolk im Tiergehege von Mölln ist ein typischer kreisrunder Toteissee, dessen Hohlform noch von einem Eisklotz konserviert wurde, als der Eisrand längst östlich der heutigen Landesgrenzen lag.

Auch der Rammsee bei Brekendorf ist ein mit Wasser gefülltes Toteisloch. Der See liegt idyllisch im hügeligen Waldgelände des Naturparks Hüttener Berge.

Der Ukleisee in der Holsteinischen Schweiz

zweiten Tieftauens wird das Relief erneut verstärkt. Vereinzelt entstehen neue Seen durch schwindende Toteisreste. Die Eintiefung des Schwentinetals geht weiter. Der Plöner See sinkt auf 21 m über dem Meeresspiegel. Ältere Seeterrassen liegen ca. 3–4 m über dem Niveau des heutigen Sees.

Boreal (Zeit der Waldbedeckung): Seit der mittleren Steinzeit besiedeln Menschen die Seeufer (Meiendorf, Stellmoor bei Ahrensburg). Die Landformen werden durch Pflanzenwuchs festgelegt und die Seeufer gegen Wellenschlag durch dämpfende Schilfgürtel geschützt. Kleinere Seen beginnen zu verlanden.

In Idealform sind die Toteisseen oft kesselartig ausgebildet. Dann lag ein zurückgelassener Eisrest in einem allseits von Moränenkuppen umgebenen Tal, das großräumig vom Eis überlagert war. Beim „Rückzug" der Gletscher verlor der in der Hohlform liegende Eisblock die Verbindung zum Eisrand, blieb im Tal liegen, wurde durch isolierende Schmelzwassersande, nicht selten auch durch die austauende Oberflächenmoräne (vgl. Abb. S. 41) vor raschem Niederschmelzen geschützt und verhinderte die Nivellierung. Durch allmähliches Tieftauen in der Nacheiszeit senkte sich die Deckschicht und wurde auf den Grund der Hohlform gelegt, die, sofern sie im Grundwasserbereich oder im Einzugsbereich eines Baches lag, zum See wurde. Ukleisee und Kolksee in der Holsteinischen Schweiz sind so entstanden wie auch der Grundlose Kolk in Mölln und der Rammsee in den Hüttener Bergen.

Der Kolksee im hügeligen Gelände zwischen Eutin und Kasseedorf

Riesenfindlinge und Fossilien

Sofern man von inselartigen Ausnahmen absieht, gilt Schleswig-Holstein zu Recht als Eiszeitland. Die riesigen Inlandeismassen schleppten die vielfältig zusammengesetzten Böden hierher, aber auch die auffälligen Riesenfindlinge, die verstreut im saale- oder weichselzeitlichen Moränenland liegen.

Diese erratischen Blöcke waren unseren Vorfahren ein Rätsel. Noch im vergangenen Jahrhundert glaubten die Menschen, in ihnen die Wurfgeschosse wütender Teufel, Hexen oder Riesen zu erkennen; Munition, die böse Mächte auf die Anwesen christlicher Menschen warfen oder gar auf Kirchen, die ihnen, den Heiden, ein Dorn im Auge waren.

Die ernste Wissenschaft distanzierte sich zwar von diesem Volksglauben, dennoch erscheinen die ersten Deutungsversuche der Forscher noch im vorigen Jahrhundert als nicht weniger abenteuerlich. Explodierende Vulkane sollen die Riesensteine zu uns geschleudert haben. Nach anderer Ansicht war es eine skandinavische Sintflut, die solche Riesensteine zu uns geschwemmt hatte. Der Tatsache am nächsten kam die Version, daß während einer nordischen Eiszeit Gletscher in die Ostsee kalbten, mit Schutt beladene Eisberge nach Schleswig-Holstein drifteten, dort die Steine auf den Grund der Ostsee herabtauten und nach späterer Hebung das Meeresniveau überschritten.

Erst der Schwede Torell entschlüsselte 1875 das Geheimnis der Findlinge und die Entstehung des Norddeutschen Tieflandes. Er fand im Rüdersdorfer Muschelkalk bei Berlin geschrammte Gesteinsflächen, die er richtig als Schrammen von Gesteinsschutt deutete, der nur am Grunde gewaltigen Eises mit ungeheurem Gewicht die Spuren in das Gestein geritzt haben konnte. Findlinge, die Gletscherschrammen tragen, welche nicht durch Schmelzwassersande abgeschliffen worden sind, finden wir gelegentlich im Lande oder an den Küsten (siehe Abb. S. 61 oben rechts).

Längst ist es für den Fachmann keine Mühe mehr, die Herkunft der Findlinge genau zu bestimmen und die Fließrichtungen der Gletscher zu erkennen. Man weiß den Rhombenporphyr im Oslofjord zu orten und die Feuersteinknollen in der Kreidelandschaft Dänemarks, den Rapakiwi-Granit auf den Åland-Inseln und den grau-schwarzen Stockholm-Granit in der Nähe der schwedischen Hauptstadt.

Überall im Eiszeitland gibt es diese Findlinge. Sie ragen aus den Steilküsten heraus, liegen im Wasser, in Wäldern und auf Feldern. Viele der 80, 100 oder gar 150 Tonnen wiegenden Riesen wurden in Steinzeitgräbern verbaut, als Fundament- und Mauersteine bei Bauten (Feldsteinkirchen) und als Gedenksteine genutzt.

Findlingsblock in der Steilküste

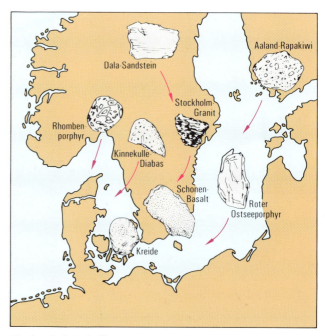

Herkunft der Findlinge

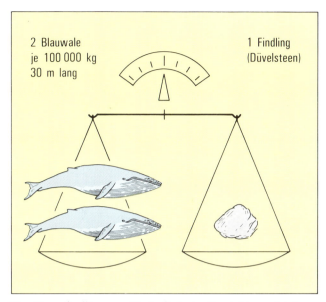
Der Riesenfindling von Königsförde im Gewichtsvergleich

Gletscherschrammen dienten als Schlüssel zum Verständnis der Eiszeit.

Der Riesenfels bei Großkönigsförde ist Schleswig-Holsteins größter Findlingsblock.

Mammutzahn (Kiesgrubenfund)

Haizahn im Tarraston Fehmarns

Holsteiner Gestein und vorzeitlicher Nautilus

Der größte Findling im Lande ist jener von Großkönigsförde, nördlich des Nord-Ostsee-Kanals. Seine Maße betragen 6 m in der Länge, 4,50 m in der Breite, 3,75 m in der Höhe, und sein Umfang mißt rund 18 m. Mit dem Gewicht von fast 200 Tonnen hält der Koloß zwei Blauwalen mit 30 m Länge oder 65 Indischen Elefanten das Gleichgewicht (s. S. 61).

Schleswig-Holstein war der Abladeplatz für nordischen Gesteinsschutt. Aufgrund des riesigen Abtragungsgebietes – Norwegen, Schweden, Finnland, Dänemark, das Ostseebecken – stammen die Gesteinstrümmer aus den verschiedensten erdgeschichtlichen Epochen; vom kambrischen Material aus dem Erdaltertum bis zum Tertiär ist nahezu alles vertreten. Das Eis hat die Gesteine jedoch nicht Schicht für Schicht, wie sie entstanden waren, nach Schleswig-Holstein geschoben, sondern es hat die Zeitalter und Formationen der Erdgeschichte total vermischt. Dieser Tatsache verdanken wir nicht nur das bunte Nebeneinander von Geschieben, sondern auch von Lebensspuren längst vergangener Zeiten, die zu Stein geworden sind (Fossilien).

Überreste von Lebewesen werden zu Stein, wenn die Tiere nach ihrem Absterben rasch von feinkörnigen Sedimenten abgedeckt und ihre Weichteile vor der raschen Verwesung bewahrt werden. Zirkulierende Wasser im Gesteinsbildungsprozeß haben dann die organischen Teile gegen mineralische Stoffe ausgetauscht. Die „Fossilation" erstreckt sich auch auf die anorganischen Schalen von Schnecken und Muscheln. Sie entsteht überwiegend durch Calciumcarbonat und Siliciumdioxyd, aber auch Phosphate, Sulfate und Eisenverbindungen können an der Versteinerung beteiligt sein.

Fundstellen für Fossilien sind die Steilküsten, an deren Fuß versteinerte Seeigel gefunden werden, ferner Kopffüßler wie Ammoniten und Belemniten, die schneckenbauartig gekrümmten oder noch gestreckten Vorgänger des Tintenfisches (Nautilus), dann Korallen sowie kleinste polypenähnliche Tiere, die Graptolithen, und nicht zu vergessen viele Schnecken und Muscheln. Im Tarraston an der Küste von Katharinenhof auf Fehmarn kann man pyritisierte Mollusken finden, bei denen $CaCO_3$ durch FeS_2 (Schwefelkies) ersetzt worden ist. Dadurch haben sie eine goldene Farbe angenommen.

Weitere Fundstellen sind die schleswig-holsteinischen Kiesgruben. In manchen Abbaugebieten gibt es auffällige Häufungen von Holsteiner Gestein, einer besonders schönen Versteinerung aus dem Tertiär. In dichter Lage sind weiße Muscheln und Schnecken in kontrastreichem braunen Eisensandstein oder in grauem Kalkstein eingeschlossen. Gelegentlich finden Fossiliensammler einen Mammutzahn oder einen nahezu armdicken Orthoceras, einen Tintenfischvorfahren aus dem Silur-Meer des Erdaltertums, vor mehr als 400 Millionen Jahren.

Der Volksmund hat manchen Versteinerungen eine besondere Bedeutung gegeben. So werden die Steinkerne der Seeigel als Donnersteine angesehen und die patronenartig geformten Kalkschalenreste der Belemniten als Donnerkeile, die der Donnergott Thor geschleudert haben soll. Wer sie findet, der ist vor Blitz und Donner geschützt.

Zu den besonderen Kostbarkeiten, die das Eis und sein Schmelzwasser nach Schleswig-Holstein brachten, gehört der Bernstein. Er stammt aus den Wäldern Mittelschwedens, wo er während des Tertiärs vor 40 Millionen Jahren als Harz aus den Bäumen tropfte. Es gibt wohl kaum einen Strandgänger, der nicht darauf erpicht wäre, Bernstein zu finden. Besonders chancenreich ist die Suche nach kräftigen Stürmen, wenn Bernstein aus den Steilküsten und vom Grunde der Ostsee herausgespült wird. Als aussichtsreiche Fundstelle gilt auch die Sandbank vor Eiderstedt, besonders nach Sturmfluten. Die größten Chancen, Bernstein zu finden, sollen Jungfrauen haben. Denn der Sage nach gräbt Ekke Nekkepen, der friesische Seetoll, den Bernstein aus dem Schlick und wirft ihn den zartesten Jungfrauen in Bewunderung ihrer Schönheit vor die Füße.

In den letzten Jahren machte die Kiesgrube von Groß Pampau, Kreis Herzogtum Lauenburg, von sich reden. Dort stieß eine Gruppe von Lübecker Geschiebesammlern auf mehrere Wal- und Haiskelette, die von den Wissenschaftlern auf die Obermiozänzeit des Tertiärs datiert werden, die also rund 14 Millionen Jahre alt sind.

In jener Zeit war Schleswig-Holstein von einem subtropischen Meer überflutet, an dessen einstigem Rand heute Groß Pampau liegt. Wahrscheinlich sind die Walkadaver strömungsbedingt dorthin getrieben worden und auf den Meeresgrund gesunken. Wegen der beachtlichen Zahl der Funde vermutet Grabungsleiter Höpfner, auf einen Walfriedhof gestoßen zu sein, über dessen weiteren Fossilienreichtum künftige Grabungen Auskunft geben werden.

Normalerweise liegt der miozäne Meeresabsatz, in dem die Walknochen eingebettet sind, in mehr als 100 m Tiefe und bleibt deshalb für die Erforschung unzugänglich. Dank der in Groß Pampau vorgefundenen oberflächennahen Lagerung des marinen Glimmertones sowie der nur 10 bis 15 m mächtigen eiszeitlichen Absätze, die vom Betreiber der Kiesgrube abgeräumt worden sind, konnte die Fundstelle auf Fossilien untersucht werden.

Walskelett im Naturhistorischen Museum zu Lübeck. Fundort: Kiesgrube Groß Pampau (Hzgt. Lauenburg)

Was das Grabungsteam zutage förderte, ist in Zahl, Erhaltungsgrad und Vollständigkeit der Knochenfragmente eine wissenschaftliche Sensation. Freigelegt wurden ein 10 m und ein 6 m langer Bartenwal, ein kleiner Zahnwal sowie ein 3 m langer Hai. Weitere Skelettfunde sind zu erwarten. Nach Einschätzung des Grabungsleiters handelt es sich um die am besten erhaltenen Wirbeltiere aus dem Miozänmeer, die bisher in Europa geborgen worden sind. Vollständig erhalten ist das Skelett des 10 m langen Bartenwales. Allein sein Schädel ist 2,30 m lang. Die wissenschaftliche Auswertung der Funde erfolgt im Naturhistorischen Museum der Hansestadt Lübeck, in dessen Ausstellungsräumen die Funde der Öffentlichkeit zugänglich gemacht werden.

Bernstein – der brennende Stein

Bernsteinharz im Bernsteinmuseum Rurup/Angeln

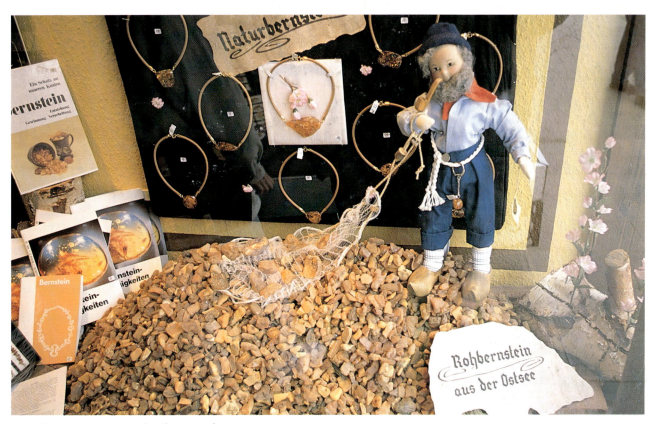
Ostseebernstein in einer Schaufensterauslage

Nacheiszeitliche Besiedlung und Landschaftsveränderungen

Leben am Rande des Eises

Die ältesten Spuren menschlicher Besiedlung in Schleswig-Holstein datieren aus der Zeit zwischen der Saale- und Weichseleiszeit. In jener Warmzeit lebte bei Drelsdorf im Kreis Nordfriesland eine Gruppe von Neandertalern. Das Alter ihrer Steinwerkzeuge wurde mit etwa 120 000 Jahren ermittelt. Auch in einer Kiesgrube bei Schalkholz, Kreis Dithmarschen, entdeckten Forscher die Spuren des Neandertalers. Aber der homo sapiens sapiens, der für Europa vor ungefähr 35 000 Jahren nachgewiesen worden ist, taucht erst nach der Weichseleiszeit auf.

Als das Klima vor 10 000 bis 12 000 Jahren zunehmend wärmer wurde, zogen Rentierherden durch die tundrenähnliche Landschaft vor dem zurückweichenden Eisrand. Sie bildeten die Lebensgrundlage der altsteinzeitlichen, in Zelten hausenden Rentierjäger, die ihnen folgten. Die wohl bedeutendste Fundstelle für die Relikte der Rentierjäger wurde bei Ahrensburg entdeckt. In Meiendorf und Stellmoor lagerten die Jäger am Ufer eines inzwischen vermoorten Sees, unter dessen Grund sich noch Toteisreste befanden. Knochen und Geweihe von erlegten Rentieren warfen die Jäger in den See, der nach Abschmelzen des Eises einige Meter absackte, zusammen mit den Schichten, in denen die Werkzeuge und Knochen unter Luftabschluß ruhten und erhalten blieben. Die Fundstelle war deshalb so ergiebig, weil das Ahrensburger Tunneltal hier von wandernden Rentierherden überquert werden mußte und somit ein ideales Jagdrevier für die Jäger der Ahrensburger Kultur darstellte.

In der Mittelsteinzeit zwischen 8000 bis 3500 v. Chr. wohnten die Menschen in einfachen Hütten auf Waldlichtungen. Die standortgebundene Lebensweise änderte sich nur, wenn der Wildbestand, von dem sie lebten, erschöpft war. Sie waren Jäger, Fischer und Sammler, nutzten die vom Eis hergeschleppten Feuersteine, aus denen einfache Waffen und Geräte herzustellen waren. Eines ihrer wichtigsten pflanzlichen Nahrungsmittel war die Haselnuß.

In der Jungsteinzeit änderte sich die Wirtschaftsform vollständig. Es gelang, Rind, Schwein, Schaf und Ziege als Haustiere zu züchten. Damit wurde man von dem Wildbestand der Wälder und dem Fischangebot der Gewässer unabhängig. In diese Zeit fallen auch die ersten Ansätze zum Anbau von Kulturpflanzen und zur Vor-

Altsteinzeitliche Jäger auf Mammutjagd. Diorama aus dem Naturhistorischen Museum zu Lübeck.

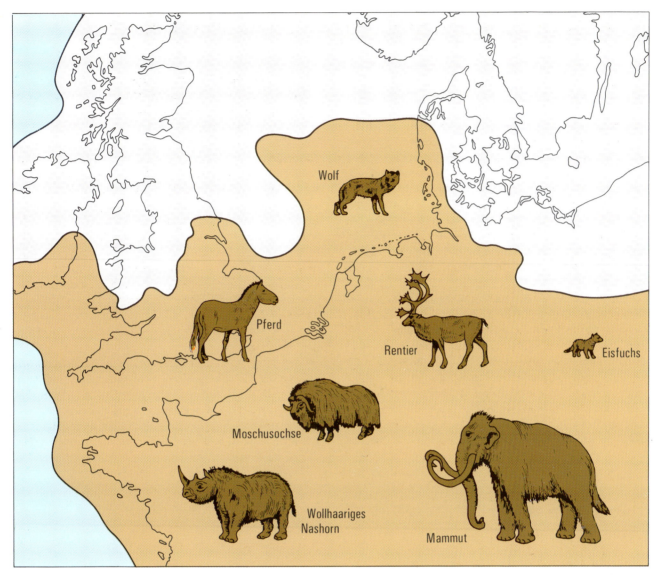

Tiere am Rande des Weichseleises

ratswirtschaft. Der neolithische Mensch baute Gerste, Weizen und Hirse an. Auf diese Weise konnten die Menschen seßhaft werden. Das handwerkliche Geschick bei der Fertigung von Steinwerkzeugen wuchs. Die in der Landschaft auffälligsten Merkmale der Jungsteinzeit sind die steinernen Grabanlagen, die aus tonnenschweren Findlingen errichtet wurden.

Die Tierwelt am Rande des weichselzeitlichen Eises beschränkte sich nicht nur auf das Rentier, das allerdings die Hauptnahrungsgrundlage der nomadisierenden Jäger und Sammler darstellte. Im eisfreien Raum Schleswig-Holsteins, der Nordsee und den angrenzenden Gebieten lebten zahlreiche Großsäuger. Nachgewiesene Arten, die im weichselzeitlichen Hochglazial sowie im Spätglazial Schleswig-Holstein bevölkerten, sind das Wollhaarige Nashorn, das sich mit seinem wolligen Pelz vor der Kälte schützte, das gewaltige Mammut als wohl gefährlichstes Jagdtier, ferner Moschusochse, Riesenhirsch, Vielfraß, Ur, Wisent, Wildpferd, Wolf und Lemming. Sofern die Tiere Pflanzenfresser waren, ernährten sie sich von arktischen bis subarktischen Arten wie Zwergbirken, Polarweiden, Moosen und anderen Pflanzen.

Unterschiede zwischen Alt- und Jungmoränenland

Die jungeiszeitlichen Formen im Östlichen Hügelland sind seit ihrer Entstehung kaum verändert worden. Im geologischen Sinne ist der Zeitraum von der Weichseleiszeit bis heute viel zu kurz, um entscheidende Veränderungen zu bewirken. Natürlich haben sich die Flußläufe eingeschnitten, die Seen füllten sich, einzelne verlandeten und wurden zu Mooren (vgl. Abb. S. 71 unten), der Wald wanderte ein und modifizierte mit steigenden Temperaturen seine Artenzusammensetzung. Aber die wirklich landschaftsbeeinflussenden und -verändernden Prozesse erlebte die Altmoränenlandschaft der Hohen Geest.

Zum Zeitpunkt ihrer Entstehung wurde die Hohe Geest ebenso aus Endmoränen und Grundmoränen aufgebaut wie später die jungeiszeitliche Landschaft, nur eben 100 000 Jahre früher. Während des Weichselglazials jedoch wurden die saalezeitlichen Ablagerungen im Osten durch Jungmoränen und in der Landesmitte durch Sander überlagert und verschüttet, teilweise durch Schürfvorgänge mit weichselzeitlichem Schutt vermischt.

Während dieser Zeit lagen die Altmoränen sowie die saalezeitlichen Seen und Täler der Hohen Geest vor dem Eisrand. Die Vegetationsdecke war tundrenähnlich, der Boden tiefgründig gefroren (Permafrostboden). In den Sommermonaten konnte der Boden oberflächlich auftauen. Als wassergesättigter Erdbrei rutschte er auf den gefrorenen Hügelkernen talwärts. Keine andere Abtragungsform wirkt so intensiv nivellierend wie das Solifluktion genannte Bodenfließen über Frostböden (vgl. Abb. S. 69 oben links). Im Ergebnis wurden die Altmoränen dadurch flacher, die Täler aufgefüllt und die Seen zugeschüttet. Zusammen mit der Zehntausende von Jahren dauernden Verlandung und Moorbildung in der Warmzeit zwischen Saale- und Weichselglazial ist die Solifluktion über Dauerfrostboden der Hauptgrund, weshalb in der Altmoränenlandschaft die Seen fehlen.

Neben dem Bodenfließen wirkten während des Weichselglazials eiszeitliche Fallwinde auf die Altmoränen wie auch auf die Sander ein. Über dem Eis herrschte infolge der kalten Luftmassen ein bodennaher hoher Luftdruck, der einen Strömungsausgleich in Richtung wärmeren Süden – etwa Nordrand der Mittelgebirge – suchte, wo infolge wärmerer, aufsteigender Luft ein bodennahes Tief bestand. Über Jahrtausende blies so ein beständiger kalter und trockener Eiswind über die Altmoränen, wehte feinste Tone und Kalke aus ihnen heraus, transportierte sie bis in die Tieflandsbuchten der Mittelgebirge, wo sie mit mächtigen Lößschichten die Börden und Deutschlands fruchtbarste Böden bildeten. Den Altmoränen und Sanderflächen allerdings bekam die Enttonung und Entkalkung weniger gut. Niederschläge spülten schließlich in den leichten Böden Mineralien und Humusverbindungen aus dem Oberboden. Sie reicherten sich als steinhartes, wurzelundurchlässiges Ortsteinband in 50 bis 100 cm Tiefe an. Der nährstoffarme, aschenfarbige Boden wird als Podsolboden bezeichnet.

Ortsteinprofil in der Geest

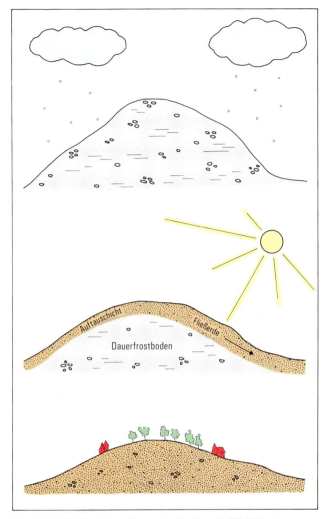

Das Bodenfließen über Dauerfrostboden (Solifluktion)

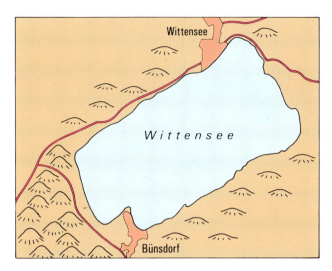

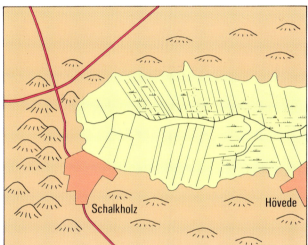

Der jungeiszeitliche Wittensee und das saalezeitliche Schalkholzer Becken

Zur Podsolierung hat wesentlich der Mensch seinen Beitrag geleistet, indem er den Wald zur Gewinnung von Holzkohle, für Ackerflächen, für Haus- und Schiffsbau und als Waldweide dezimierte und dadurch erst die Podsolierungsprozesse in Gang setzte.

Die Abb. oben links verdeutlicht Vorgang und Wirkung des periglazialen (randeiszeitlichen) Bodenfließens.
1. Die gefrorene, relativ steile Altmoräne.
2. In randeiszeitlicher Lage taut die obere Bodenschicht in den Sommermonaten auf. Sie gleitet als wassergesättigte Fließerde talwärts.
3. Durch die nivellierende Wirkung des Bodenfließens ist die Altmoräne abgeflacht, der Tal- bzw. ein benachbarter Seeboden erhöht worden.

Die Solifluktion sowie die Verlandungsprozesse in der Warmzeit zwischen Saale- und Weichselglazial haben dazu geführt, daß die Seen in der Altmoränenlandschaft verschwunden sind. Das verlandete Schalkholzer Becken in Dithmarschen (vgl. Abb. oben) ist ein saalezeitlicher See, der noch in Umrissen die typische Form eines Zungenbeckens erkennen läßt. Im Prinzip handelt es sich um den allerdings 100 000 Jahre älteren Vorgang, der im Weichselglazial zur Bildung des Wittenseer Zungenbeckens führte (vgl. Abb. oben und S. 49 oben rechts). Die Übereinstimmung ist verblüffend. In einigen 10 000 Jahren wird der Wittensee so aussehen wie das Schalkholzer Becken. Nur sein moorig-feuchter Grund verrät dann die ehemalige Existenz eines Sees.

Auf den leichten Böden der Hohen Geest und der Sander ist feiner Staub ausgeblasen worden. Die Sande wurden wie hier in Sorgwohld oder bei Süderlügum zu Binnendünen aufgeweht.

Auf den nährstoffarmen Geestböden wachsen Anpassungsspezialisten wie z. B. das Heidekraut. Eine steinharte Ortsteinschicht fördert gleichermaßen die Vernässung als auch die Austrocknung des Bodens.

In abflußlosen Senken über Ortsteinbänken bildeten sich nährstoffarme Hochmoore. Leitpflanze ist das Torfmoos. Es ernährt sich allein aus dem Niederschlagswasser. Hochmoore sind in der Geest weit verbreitet.

Flachmoore entstehen aus verlandenden Seen. Sie besitzen Kontakt zum Grundwasser, sind nährstoff- und artenreich. Wir finden sie überwiegend im Östlichen Hügelland.

Die Entstehung der Ostseeküste

Entwicklungsphasen der Ostsee

Die Entstehung der heutigen Ostsee ist die Folge einer wechselvollen nacheiszeitlichen Entwicklung. Als sich das skandinavische Inlandeis vor etwa 17 000 Jahren aus der Norddeutschen Tiefebene und dem Baltikum zurückzog, staute sich das Schmelzwasser zwischen den Moränen im Süden sowie dem Eisrand im Norden. Das Becken dazwischen füllte der Baltische Eisstausee aus. Die heutige Lübecker und die Kieler Bucht lagen damals allerdings noch trocken. Vor ungefähr 10 000 Jahren war der riesige Stausee soweit von den Schmelzwassern aufgefüllt, daß er beträchtlich höher lag als der damalige Weltmeeresspiegel. Dieser Niveauunterschied von 20, 30 oder sogar mehr Metern wurde beseitigt, als der Baltische Eisstausee über Mittelschweden den Durchbruch in die Nordsee schaffte. Eine Flut unvorstellbaren Ausmaßes ergoß sich ins Weltmeer. Die Strömung war derartig gewaltig, daß selbst tonnenschwere Felsbrocken mitgerissen wurden. Dank der so geschaffenen Verbindung zur Nordsee drangen Salzwasser und in der Folge die

geschlossen wurde. Die Ostsee begann erneut auszusüßen. Nach dem Leitfossil Ancylus fluviatilis, einer Süßwasserschnecke, erhielt der Binnensee die Bezeichnung „Ancylussee". Auch in diesem Stadium erreichte die Ostsee nicht die heutige schleswig-holsteinische und mecklenburgische Küste.

Weiterer Meeresspiegelanstieg ließ Wasser in das bisher festländische Gebiet der westlichen Ostsee eindringen und über die Belte einen neuen Abfluß zur Nordsee finden, einen Abfluß, der als tiefes Tal noch heute am Grunde der Ostsee nachweisbar ist. Nach Angleichung des Meeresspiegels konnte vor etwa 7000 Jahren wieder Salzwasser in die Ostsee strömen. Als Leitfossil dieses Stadiums gilt die Strandschnecke Littorina littorea, nach der die damalige Ostsee die Bezeichnung „Litorinameer" erhielt.

Als vor 4000 Jahren im Bereich der dänischen Inseln eine stärkere Landhebung einsetzte und damit auch der Meeresboden im Bereich der Belte und Sunde angehoben wurde, nahm die Menge des Wasseraustausches zwi-

Die Entwicklung der Ostsee

Name	Zeit	Salzgehalt	Leitfossil
Baltischer Eisstausee	15 000–8000 v. Chr.	süß	–
Yoldiameer	8000–7000 v. Chr.	salzig	Yoldia arctica
Ancylussee	7000–5000 v. Chr.	süß	Ancylus fluviatilis
Litorinameer	5000–2000 v. Chr.	salzig	Littorina littorea
Limnaeameer	2000–500 v. Chr.	brackig	Limnaea ovata
Myameer	500 v. Chr. bis heute	brackig	Mya arenaria

Muschel Yoldia arctica in den ehemaligen Stausee ein. Nach diesem Leitfossil trägt dieses Entwicklungsstadium der Ostsee die Bezeichnung „Yoldiameer". Lübecker und Kieler Bucht blieben weiterhin landfest.
Im weiteren Verlauf schmolz das skandinavische Eis immer weiter ab. Nordeuropa wurde zunehmend vom Eisdruck, der einer Last von über 1000 m Gebirgshöhe entsprach, befreit. Die damit verbundene Landhebung Skandinaviens sorgte dafür, daß die mittelschwedische Meeresstraße zwischen Yoldiameer und Nordsee wieder

schen Nordsee und Ostsee ab. Damit verringerte sich wiederum der Salzgehalt der Ostsee. Sie wurde zum Brackwassermeer. Nach der Brackwasserschnecke Limnaea ovata heißt dieses Stadium „Limnaeameer". In jener Zeit – vor ungefähr 4000 Jahren – hatte die Ostsee die heutige Küstenlinie erreicht. Die Umgestaltung der südlichen Ostseeküste begann. Der Vollständigkeit halber sei erwähnt, daß die Ostsee seit 2500 Jahren die Bezeichnung „Myameer" trägt, benannt nach der Sandklaffmuschel Mya arenaria.

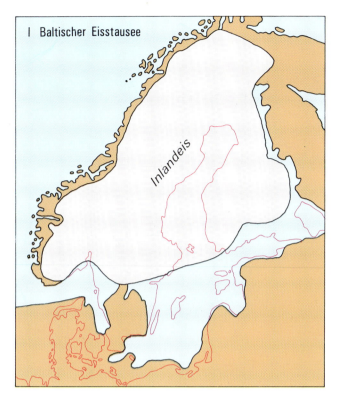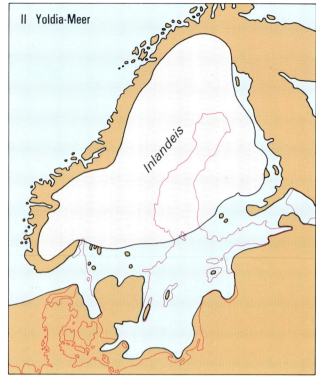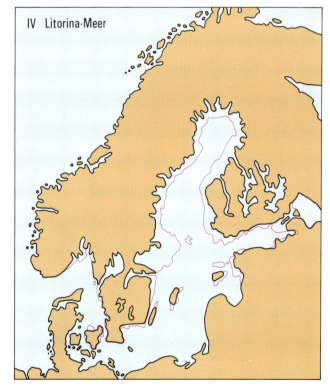

Entstehungsphasen der Ostsee

Die Förden

An der Ostseeküste gibt es eine große Vielfalt von Küstenformen und Stränden. Basis dieser Vielfalt ist eiszeitlicher Moränenschutt, d. h. wenig widerstandsfähiges Material. Für die besondere küstenmorphologische Prägung der Ostseeküste schuf die Eiszeit damit drei Voraussetzungen:
1. Sie brachte leicht abbaubare Moränen.
2. Sie hinterließ ein bewegtes Relief von Moränen, Kuppen und Tälern.
3. Sie gestaltete durch Gletscherzungenvorstöße (teils in Schmelzwasserrinnen) tief ins Land reichende Talformen.

Die vierte Voraussetzung ergab sich durch nacheiszeitlichen Meeresspiegelanstieg – überwiegend durch Schmelzwasserzufluß, teils durch Landsenkung.

Eine Küstenform, die für Schleswig-Holstein besonders bedeutsam ist, finden wir in Gestalt der Förden, von denen in Schleswig-Holstein sechs entstanden sind:

Flensburger Förde	Kieler Förde
Schlei	Hemmelsförde
Eckernförde	Traveförde

Die typische Trompetenform ihrer Mündungen erklärt sich aus den pressenden, drückenden und schürfenden Gletscherzungen, die jene langgestreckten Talformen geschaffen haben, in die das Meerwasser eindringen konnte. Allerdings ist der Windungsreichtum der Flensburger Förde, der Schlei und der Kieler Förde nicht allein auf die Tatsache vorstoßender Gletscher zurückzuführen. Offensichtlich flossen hier zunächst stark erodierende Schmelzwasserströme, deren Rinnen mindestens teilweise erneut vorrückenden und die Talform verbreiternden Gletschern als Bett dienten. Die heutigen Förden wären in der Grundmoränenlandschaft Rinnen oder

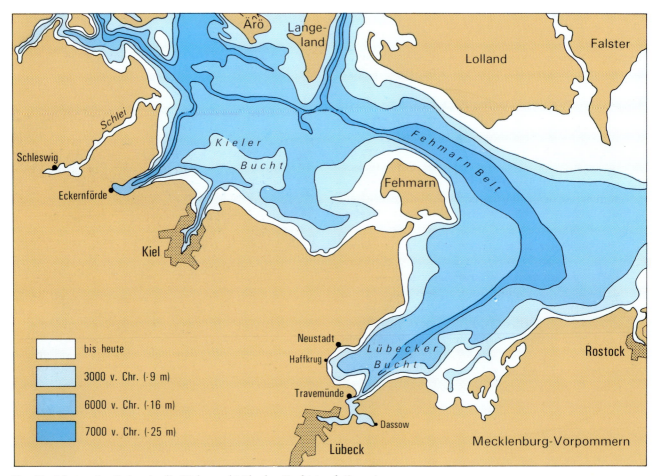

Das Vordringen der Ostsee in die Kieler und Lübecker Bucht (nach Range)

Schleimünde – durch Nehrungen verengte Einfahrt in die Schleiförde

Wannen, z. T. auch Seen geblieben, wenn sie nicht durch ansteigendes Wasser der Ostsee vor 4000 Jahren vollgelaufen wären.

Manche Förde ist als solche nur noch schwer zu erkennen, weil ihre Trompetenmündung durch küstenparallele Sandverdriftung verengt worden ist. Vor Schleimünde z. B. erstreckt sich heute als breite Nehrung die Lotseninsel, auf der das Naturschutzgebiet Oehe-Schleimünde und der Leuchtturm liegen. Die Öffnung der Traveförde hat durch den Priwall eine wesentliche Veränderung erfahren. Als Förde gar nicht mehr erkennbar ist die ehemalige Hemmelsförde bei Niendorf, deren Mündung bis auf den Austritt der Aalbek durch Abtragung des Brodtener Ufers vollständig versandete (vgl. Abb. S. 81 unten). Übrigens schufen Eis und Schmelzwasser am Grunde des jetzigen Hemmelsdorfer Sees mit −44,5 m die tiefste natürliche Stelle in Deutschland.

Tief schneiden die Förden ins Landesinnere ein, bereichern und gliedern dadurch die Landschaft und schaffen natürliche Grenzen. Zwischen der 16 km ins Landesinnere reichenden Flensburger Förde und der 40 km langen Schlei liegt die Landschaft Angeln, zwischen der Schlei und der Eckernförde erstreckt sich Schwansen, zwischen der Eckernförde und der Kieler Förde befindet sich der Dänische Wohld.

Natürlich bilden die Förden auch Verkehrshindernisse. Wer von Schilksee nach Laboe will (Luftlinie 2,5 km), muß einen 30 km langen Weg um die Förde fahren.

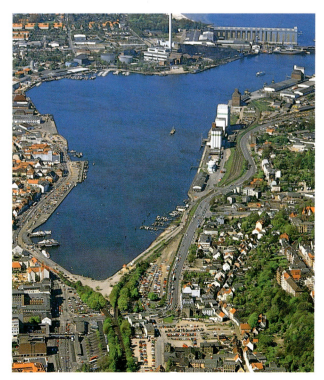

Die Flensburger Förde

Die Kieler Förde

Im Bereich der Kieler Bucht führte der Gletscherschurf einer mächtigen Eiszunge zur Ausbildung der Kieler Förde. Ihre Windungen lassen darauf schließen, daß der Gletscher einer tief eingeschnittenen Schmelzwasserrinne gefolgt ist, die er verbreiterte, dabei Seitenmoränen schuf (Düsternbrooker Gehölz) und mit dem Hornheimer Riegel – beim Fernsehturm – jene Endmoräne akkumulierte, die der Eider den nahen Weg zur Ostsee versperrte. Das Hindernis zwingt die Eider zur Richtungsumkehr, so daß Schleswig-Holsteins größter Fluß quer durchs Land fließen muß, um in der Nordsee zu entwässern.

Die Traveförde

Die Mündung der Traveförde ist durch den vorgelagerten Priwall und den Travemünder Hauptstrand vom Brodtener Ufer bis zum Maritim-Hochhaus stark verengt. Ohne die Trave als Fließgewässer wäre der Fördenausgang vermutlich bereits vollständig versandet. Die breite Förde und den Fluß nutzen die Schiffe, die Deutschlands größten Fährhafen am Skandinavienkai von Lübeck-Travemünde anlaufen. Acht Fähranleger, davon drei mit Gleisanschluß, warten auf die schwimmenden Hochhäuser, die Skandinavien und den östlichen Ostseeraum mit Mitteleuropa verbinden.

Die Steilufer

Der Meeresspiegelanstieg der Ostsee führte durch Wellenschlag und Brandung zu einem Raubbau am Eiszeitschutt, der zwischen 5000 und 2000 v. Chr. seinen Höhepunkt erreichte und sich heute noch fortsetzt. Es entstanden die teilweise über 20 m hohen Steilküsten, die Meter um Meter zurückverlegt wurden und werden. Durch den Abbau des Kliffs vor Brodten wurde jener Sand angeschwemmt, der vor Timmendorfer Strand/Niendorf die ehemalige Hemmelsförde von der Ostsee trennt. Dem Brodtener Ufersand verdanken die genannten Seebäder wie auch Travemünde ihre feinsandigen Strände. Das Steinriff vor dem noch heute vorspringenden Kliff des Brodtener Ufers gliedert den Innenteil der Lübecker Bucht in die kleinere Travemünder Bucht im Süden und die größere Neustädter Bucht im Norden. Noch heute wird das Brodtener Ufer um 50 bis 60 cm im Jahr zurückverlegt. Insgesamt ist es 6 km zurückgewichen.

Der Kliffabbruch geschieht einerseits durch die Energie der Brandung, die das Steilufer am Fuß anschneidet und vorübergehend Brandungshohlkehlen schafft, bis der weiche Moränenlehm bzw. die Eiszeitsande nachbrechen. Andererseits wird die Zurückverlegung der Steilufer auch von oben durch Niederschlag und Quellwasser gefördert. Insbesondere im Winter gleiten wasserübersättigte Schlammströme hangabwärts und bilden am Kliffuß eine Schutthalde. Die weitere, d. h. sortierende Arbeit übernimmt das brandende Ostseewasser. Es spült Tone, Lehme und Feinsande aus dem Schutt heraus und versetzt sie in küstenparallelen Strömungen. Zurück bleiben grobe Materialien, vor allem große Findlinge. Vor besonders steinreichen Kliffen entstehen auf diese Weise Blockstrände.

Sofern das Kliff weit genug zurückverlegt worden ist, daß es von der Brandung nicht mehr erreicht wird, beginnt es an Steilheit zu verlieren. Gräser und Kräuter besiedeln die sanfter abgeböschten Hänge. Pionierpflanze ist der Huflattich. Schließlich finden Büsche und Bäume Halt. Solche Steilküsten werden im Gegensatz zu den aktiven als tote Kliffe bezeichnet. Insgesamt gibt es etwa 70 km im Abbruch befindliche Steilufer und weitere 50 km, die von der Brandung nicht mehr erreicht werden.

Im Steilufer bei Bülk beweist eine Stauchfalte die Druckkraft des Eises.

Steilküste mit Blockstrand und Muschelangespül bei Staberhuk/Fehmarn

Steilküstenabbruch bei Waabs

Bliestorfer Steilküste südlich von Grömitz

Das wild-romantische Steilufer bei Katharinenhof auf Fehmarn. Bei Oststürmen wird die Küste weiter landeinwärts verlegt. Hier tritt tertiärer Tarraston zutage.

Das Brodtener Ufer – ein geologisches Naturdenkmal – zählt zu den mächtigsten Steilküsten Schleswig-Holsteins. Im Durchschnitt weicht es Jahr für Jahr um ca. 60 cm zurück.

Das Brodtener Ufer bei Herrmannshöhe. Das beliebte Ausflugslokal ist ca. 80 m vom Steilrand entfernt.

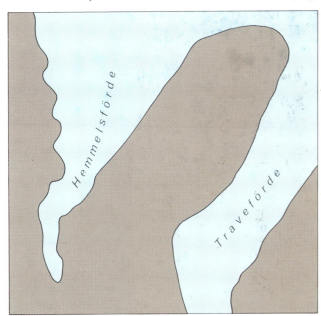

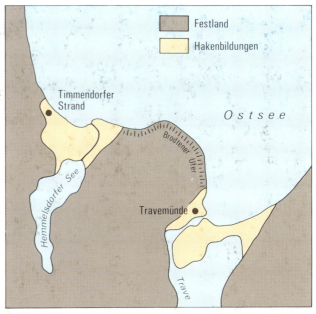

Noch vor 4000 Jahren ragte zwischen der Hemmelsförde und der Traveförde ein verlängerter Sporn des Brodtener Ufers weit in die Lübecker Bucht hinein. Die Ostseebrandung hat die Steilküste bis heute um etwa 6 km zurückverlegt. Auf dem Meeresgrund ist das blockreiche Steinriff zurückgeblieben. Die Sande aus dem Kliff wurden vor die Fördenmündungen geschwemmt. Timmendorfer Strand und Niendorf liegen auf einer Nehrung aus dem Sand des Brodtener Ufers. Der Hemmelsdorfer See ist der Rest der ehemaligen, sehr viel größeren Hemmelsförde.

Ausgleichsküsten

Die zerstörerische Arbeit des Meeres an der Steilküste schafft eine ausgeglichene, bogenförmige Küstenlinie, einerseits durch die Rückverlegung des Kliffs, andererseits durch Anschwemmung der abgebauten Sande in bzw. vor Buchten. Der Steilküstenabbruch wird von der Strömung aufgenommen und in Form von küstenparallelen Riffen (Sandbänken) auf der Schorre, dem Unterwasserstrand, abgesetzt. Einen Teil dieses Materials wirft die Brandung an die Küste. Es bildet dort Strandwälle. Je höher die Strandwälle sind und je weiter sie vom Ufer entfernt liegen, um so stärker und älter war die Sturmflut, die sie aufgeworfen hat. Sie bestehen aus grobem Sand und Geröll, und sie sind um so steiniger, je kräftiger die Flut war; denn das rückströmende Brandungswasser nimmt die leichten Sande wieder mit. Auf den uferfernen, hohen und älteren Strandwällen bildet sich rasch eine gegen Salzspray und Sandschliff weitgehend widerstandsfähige Pflanzendecke, die Flugsand auffängt. Nicht selten wirken diese Wälle wie Dünen.

Die Materialanlandung liegt dort besonders hoch, wo die Küstenlinie in eine Bucht abbiegt. Das Meer schüttet jedoch nicht die Bucht zu, sondern die Strömung verlängert die Küstenlinie am Buchtanfang durch Strandhaken, die dem gegenüberliegenden Buchtufer zustreben. In Staffeln angeordnet und fast das jenseitige Ufer erreichend, werden die Haken zu Nehrungen, die Bucht wird zum Haff. Erreicht die Nehrung das gegenüberliegende Ufer, ist die Küstenlinie ausgeglichen. Eine Ausgleichsküste ist entstanden. Aus dem Haff entsteht ein allmählich aussüßender Strandsee, der letztlich verlandet und feuchte Niederungen bildet, wie z. B. die Haffwiesen zwischen Haffkrug und Scharbeutz.

Während das morphologische System Steilküste/Ausgleichsküste etwa in Ostpreußen die Landschaft mit großräumigen Formen prägt, finden wir es als kleines System verbreitet an der schleswig-holsteinischen Ostseeküste. Ein Beispiel dafür bietet Heiligenhafen (Abb. unten), wo auf einer Distanz von 5 km Steilküste (Hohes Ufer), Ausgleichsküste (Steinwarder) mit Strandsee sowie Nehrung mit zahlreichen Haken (Graswarder) und dem Haff in West-Ost-Richtung angeordnet sind.

Steilküste, Ausgleichsküste, Strandseen, Nehrung und Strandhaken vor Heiligenhafen

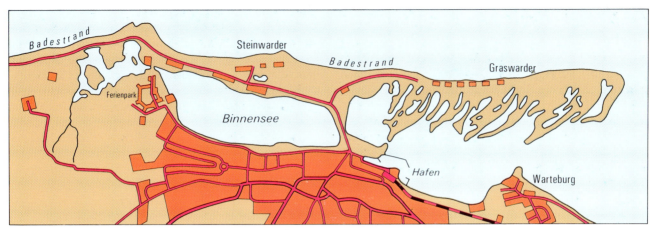
Die Nehrungs- und Hakenküste von Heiligenhafen

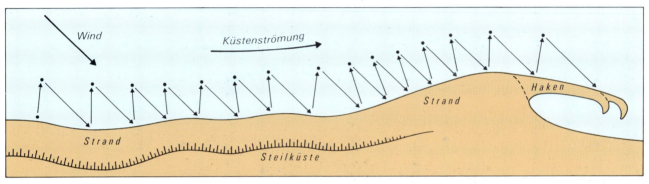
Zickzackförmig wandern die Sandkörner an der Küste entlang und bilden vor einer Bucht Strandhaken.

Die Strandhaken am Graswarder von Heiligenhafen

83

Der Flügger Steert – eine Strandhaken- küste an der Südwest- ecke von Fehmarn

Die Idealform eines Strandhakens bei Gelting. Im Flach- wasser der Ostsee sind deutlich parallel angeordnete Sand- bänke zu erkennen.

Küstenparallele Strömungen haben vor Karlsminde in der Landschaft Schwansen eine Ausgleichsküste mit Strandseen geschaffen. Für einen Campingplatz ist die Lage zwischen Ostsee und Binnensee ideal.

Einer der größten Strandseen ist der Große Binnensee bei Hohwacht. Er gilt als besonders fischreich. Mit den angrenzenden Wäldern, Wiesen und Strandwällen bietet er zahllosen Vögeln hervorragende Lebensbedingungen.

Die Landschaftsentwicklung an der Nordsee

Zu Fuß nach England

Nach Schätzungen gab es auf dem Höhepunkt der Weichseleiszeit weltweit eine Eismenge von 70 Millionen Kubikkilometern. Davon sind bis heute 30 Millionen Kubikkilometer verblieben. Unter Berücksichtigung der um 10 % größeren Dichte des Wassers gegenüber dem Eis ergibt die geschmolzene Differenz von 40 Millionen Kubikkilometern Eis eine Wassermenge von 36 Millionen Kubikkilometern. Verteilt auf die 360 Millionen Quadratkilometer einnehmende Oberfläche der Ozeane, resultiert daraus ein weltweiter Meeresspiegelanstieg von 100 m.

Auf dem Höhepunkt der Weichseleiszeit vor 25 000 Jahren lag also das Weltmeer um 100 m tiefer als heute. Das Wasser war in Form von Eis gebunden. Das Nordseebecken war bis zu der Linie Nordschottland–Skagen eisfrei. Vor 10 000 Jahren war das Meer erst bis zum Rand der Doggerbank vorgedrungen. Die schleswig-holsteinischen Jäger der Altsteinzeit konnten – wenn sie wollten – zu Fuß Jagdausflüge ins 600 km entfernte heutige England vornehmen. Hinderlich waren dabei allerdings die Schmelzwasserrinnen, die die saalezeitlichen Moränenabsätze und Sanderflächen im südlichen Nordseebecken gliederten.

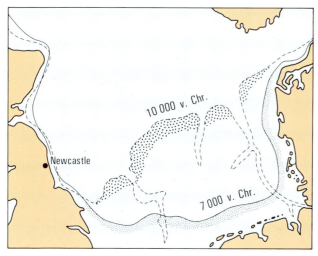

Der Vorstoß der Nordsee nach der letzten Eiszeit (nach Stadelmann). Der Raum der südlichen Nordsee war jahrtausendelang landfest.

Der Vorstoß der Nordsee vollzog sich in mehreren Schüben. Der Meeresspiegel lag vor

   25 000 Jahren auf –100 m NN
   15 000 Jahren auf – 80 m NN
   10 000 Jahren auf – 50 m NN
    8 500 Jahren auf – 40 m NN
    6 000 Jahren auf – 30 m NN
    5 000 Jahren auf – 10 m NN

Vor 4000 Jahren schließlich überwog die Sedimentation gegenüber dem weiteren Anstieg des Meeres. Etwa um diese Zeit liegt die Entstehung des Wattenmeeres. Die weitere Entwicklung an der schleswig-holsteinischen Westküste war geprägt durch unterschiedliche geologische Voraussetzungen in Nordfriesland und Dithmarschen.

Inseln und Marschen in Nordfriesland

Das heutige Nordfriesland ist nur ein bescheidener Rest einer Landschaft, die einst vom östlichen Geestrand bis weit nach Westen reichte. Um 3000 v. Chr. sind durch den nacheiszeitlichen Meeresspiegelanstieg im Gebiet der Halligen, Inseln und Marschen viele Sinkstoffe abgelagert worden. Das Material lieferten saalezeitliche Geestkerne, die noch westlich der drei verbliebenen Geestinseln Sylt, Amrum und Föhr lagen. Durch den Abbau der Altmoränen bildete sich unter Einschluß von Sylt und Amrum bis hinunter nach Eiderstedt eine nordsüdliche Nehrungslinie, ein mit Dünen besetzter Wall, der abgesehen von einzelnen Prielen den Fluten den Weg ins nordfriesische Hinterland versperrte. In die Senke zwischen der Barre und der festländischen Geest entwässerten Geestflüsse, so daß sich großflächig Sümpfe, Moore und Bruchwälder bildeten (vgl. Abb. S. 87, um 900).

In diesen Raum zogen die um das Jahr 1000 von der Rheinmündung kommenden Friesen. Sie siedelten in dem schlecht entwässerten Niederungsgebiet und kultivierten es. Sie bauten Entwässerungsnetze und schützten Teile des von Wasserläufen zerschnittenen Landes durch einfache Deiche. Ihre Häuser errichteten sie auf Wohnhügeln, den Warften.

Aber im frühen Mittelalter begann das Meer wieder stärker zu steigen. Sturmfluten brandeten häufiger und höher. Zunächst trieb das Meer die Priele breiter und tiefer

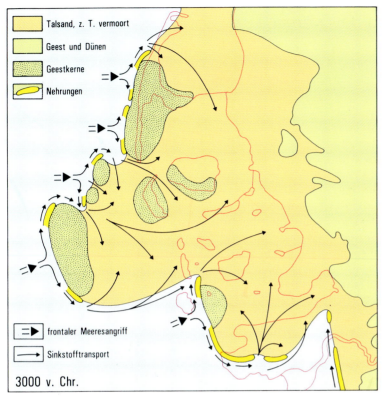
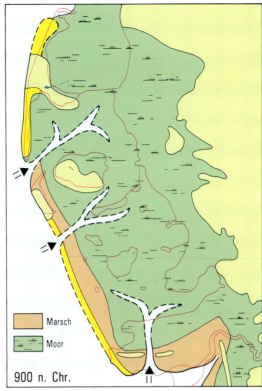
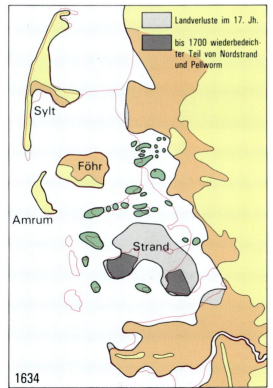
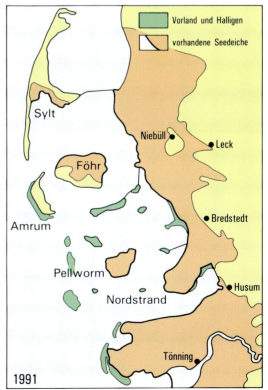

Die Entwicklung in Nordfriesland

Das Rote Kliff auf Sylt ist steil und vegetationslos – ein untrügliches Zeichen für regelmäßigen Abbruch, dem der Mensch mit Sandvorspülungen zu begegnen versucht.

Das Material aus dem Roten Kliff zwischen Wenningstedt und Kampen wird vom Meer küstenparallel versetzt und hat an der Nordspitze der Insel den mächtigen Strandhaken des Ellenbogens gebildet.

Nirgendwo wirkt der Küstenabbruch so dramatisch wie am Dünenkliff bei Hörnum. Eine einzige Sturmflut kann mehrere Meter Dünenland ins Meer schwemmen.

Das Watt ist durch ein reich verästeltes Netz von größeren und kleineren Wattströmen gegliedert. In ihnen fließen die Wassermassen des gesamten Wattenmeeres im Wechsel von Ebbe und Flut.

Die alte Kirche auf der Westseite der Marscheninsel Pellworm hat – jedenfalls als Kirchturmruine – die großen Sturmfluten der vergangenen Jahrhunderte und die gewaltigen Landverluste überstanden.

Die Halligen des Wattenmeeres sind seit den zerstörerischen Sturmfluten des Mittelalters durch Aufschlickung wieder über das Meeresniveau gewachsen. Im Bild: Langeneß

Im Watt vor Langeneß hat die Meeresströmung den Grundriß einer untergegangenen Warft freigespült. Umriß des Warftkörpers und Fehting (Süßwasserreservoir) sind bei Ebbe deutlich erkennbar.

ins Land. Meerwasser überschwemmte flächig die moorigen Niederungen, richtete allerdings noch keinen nennenswerten Schaden an. Verhängnisvoll wirkte sich dafür die Anreicherung von Meeressalz im Torf aus, weil die Friesen ihn abstachen, verbrannten und aus der Asche das begehrte Salz gewannen. Ahnungslos in bezug auf die Folgen legten die Friesen auf diese Weise das Land so tief, daß ein Generalangriff der steigenden Fluten verheerende Auswirkungen haben mußte.

Der Angriff kam am 16. Januar 1362. In der sogenannten Marcellusflut, die als eine der „groten Manndränken" in die Geschichte eingegangen ist, durchstieß das Meer den schützenden Nehrungswall, riß die flachen Deiche und Warften fort, zerstörte das Kulturland und deckte die moorige Senke mit Wattsedimenten zu, machte sie zu Meeresboden (vgl. Abb. S. 87, vor 1634). Kirchen, Kapellen, Siedlungen gingen unter. Mehr als 100 000 Männer, Frauen und Kinder kamen dabei um. Auch der sagenumwobene und von Liliencron besungene Ort Rungholt soll dabei ein Opfer der Fluten geworden sein. Bredstedt und Husum wurden im wahrsten Sinne des Wortes über Nacht zu Hafenstädten, so gewaltig war die Umgestaltung des nordfriesischen Raumes.

Im Jahre 1634 schlug das Meer noch einmal zu (vgl. Abb. S. 87, 1991). Die verbliebenen Reste mittelalterlichen Landes wurden vernichtet, die hufeisenförmige Insel „Strand" zerstört. Allein dort ertranken 6000 Menschen und 50 000 Stück Vieh. Mit dieser Sturmflut war ungefähr die heutige Form Nordfrieslands entstanden.

Die beiden „groten Manndränken" von 1362 und 1634 haben Nordfriesland zerschlagen. Erhalten blieben die drei Geestinseln Sylt, Amrum und Föhr sowie Pellworm und Nordstrand – beide sind Reste des alten Marschlandes –, ferner die zehn Halligen Oland, Langeneß, Gröde, Habel, Hamburger Hallig, Hooge, Norderoog, Süderoog, Südfall, Nordstrandischmoor sowie einige Vor- bzw. Außensände. Die Halligen sind z. T. erst wieder auf den alten Sockeln des in den großen Fluten zerstörten mittelalterlichen Marschlandes durch Aufschlickung emporgewachsen.

Sturmflutschichtung auf einer Hallig

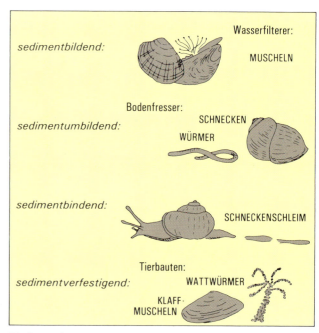

Einflüsse der Fauna auf das Wattsediment

Auf dem Festland, teilweise auch auf Pellworm und Nordstrand, setzte im 20. Jahrhundert eine verstärkte Rückgewinnung von Marschland ein (vgl. Abb. S. 97). Mühsam wurde zurückerobert, was das Meer sich genommen hatte. Zu diesem Zwecke wurde und wird die natürliche Vorlanderhöhung durch Bau von Lahnungsnetzen und Ausheben von Grüppen gefördert und beschleunigt. Lahnungen sind strömungsberuhigende, doppelte Pfahlreihen mit Buschwerk dazwischen. In den Feldern zwischen den Lahnungsreihen und in den immer wieder ausgebaggerten Grüppen (Gräben) wächst der Schlick rasch empor.

Für die Watterhöhung nicht unterschätzt werden sollte die Bedeutung der Vegetation (Festhalten von Schlick mit Hilfe der Wurzeln, Brechung der Strömungskraft) und der Tiere, die in eher geringer Artenzahl, dafür aber in gewaltiger Individuenzahl den schwierigen Lebensraum des Watts bevölkern. Die Muscheln z. B. strudeln feinste Schwebteilchen zu sich heran, leiten sie durch ihre Verdauungsorgane, verwerten Nahrhaftes und scheiden Unverwertbares aus. Der Schleim unzähliger über den Wattboden kriechender Schnecken bindet die Sedimente. Die Röhren von Würmern und Muscheln (Bäumchenröhrenwurm, Pierwurm, Sandklaffmuschel) verfestigen den Schlick.

Ist das Vorland über das mittlere Tidehochwasser gewachsen, erscheint die Eindeichung als sinnvoll. Einst haben die Bauern wegen des fruchtbaren Kleibodens der Marsch Landgewinnung betrieben und in zäher Gemeinschaftsarbeit neu aufgeschlicktes Vorland als Koog eingedeicht. Der letzte Deich, der von Privatleuten zwecks Renditeerwartung aus landwirtschaftlicher Nutzung zu bauen begonnen wurde, war der vor dem Sönke-Nissen-Koog (1923–1925). Die später eingedeichten Köge werden zwar auch landwirtschaftlich genutzt. Aber bei keinem hat man sich der Illusion hingegeben, die immensen Kosten für Deich- und Straßenbau, für den Bau des Entwässerungssystems und der Hofgebäude könnten sich jemals amortisieren. Ziel aller nach 1925 gebauten Köge war allein der Küstenschutz durch die Verkürzung der Deichlinie, durch die Vorverlegung der Hauptverteidigungslinie gegen das Meer und durch den Bau stärkerer und höherer Deiche mit verbesserten Profilen. Beispiele dafür sind der Friedrich-Wilhelm-Lübke-Koog südlich des Hindenburgdammes sowie der Beltringharder Koog nördlich des Nordstrander Dammes als Vordeichung der Hattstedter Marsch.

Von herausragender Bedeutung ist der 1959 geschaffene Hauke-Haien-Koog, der als Speicherbecken das Wasser der Geestflüsse auffängt und die Überschwemmung weiter tiefliegender, landwirtschaftlich genutzter Marschflächen verhindert, wenn hohe Wasserstände der Nordsee ein Abfließen des binnenländischen Wassers nicht zulassen.

Sandklaffmuschel

Bäumchenröhrenwurm

Einsturztrichter des Pierwurmes

Kotringel des Pierwurmes

Schlickgrasbülte im tiefgründigen Wattenschlick

Queller

Von Schlickgras und Queller besiedeltes Vorland

Vor dem Ockholmer Koog ist dank intensiver Begrüppung umfangreiches Vorland gewachsen, dessen Eindeichung im Jahre 1991 erfolgte. Die Wehle hinter dem alten Deich zeugt von einem Deichbruch an dieser Stelle.

Die letzte großflächige Eindeichungsmaßnahme war die Abtrennung der Bucht zwischen Nordstrand und dem Sönke-Nissen-Koog. Aus der sogenannten kleinen Lösung zur Vordeichung der Hattstedter Marsch entstand der Beltringharder Koog. Er dient als Naturschutzgebiet und als Speicherkoog.

Der Hauke-Haien-Koog wurde bereits 1958/59 als erster Speicherkoog an der Westküste eingedeicht. Er fängt das Wasser aus Geest und Marsch auf, wenn hohe Wasserstände der Nordsee die Entwässerung verhindern.

Durch das Schlüttsiel wird das Wasser des Hauke-Haien-Kooges in die Nordsee abgeleitet. Bei Flut und hohen Wasserständen durch Windstau bleibt das Siel geschlossen, und der Speicherkoog übernimmt die Auffangfunktion für das binnenländische Süßwasser.

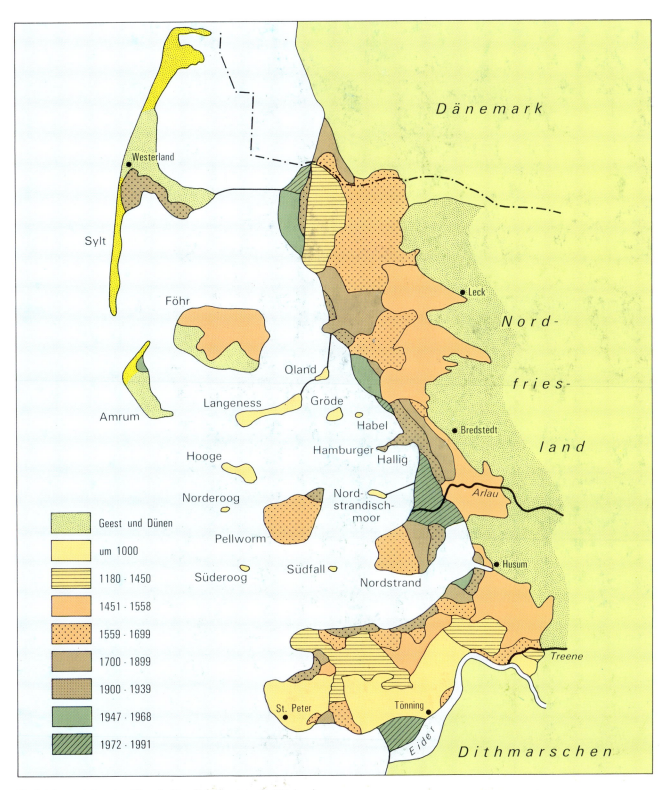

Eindeichungsjahre der Köge in Nordfriesland (nach Wieland)

Entwicklung der Marsch, Moore und Donns in Dithmarschen (nach Dittmer)

Rettungsbake auf Trischen

Die Entwicklung in Dithmarschen

In Dithmarschen nahm die Entwicklung der Marsch einen anderen Verlauf als in Nordfriesland. Sie war gekennzeichnet durch eine kontinuierliche seewärtige Ausdehnung der Marsch. Ursachen für die positive Bilanz sind der teilweise bis zu 20 m hohe Hang der Geest und das Fehlen von seewärts vorgelagerten Geestkernen, deren Abbau in Nordfriesland zu jener Barre führte, die eine stärkere Sedimentation im Hinterland verhinderte. Am Steilhang der Dithmarscher Geest brandeten die nacheiszeitlich gestiegenen Fluten der Nordsee. Sie schufen Kliffe und verlegten den Geesthang nach Osten. Bis 1500 v. Chr. (vgl. Abb. S. 99) war der Geestrand vor Heide ungefähr 8–10 km landeinwärts versetzt worden. Meldorf wurde zur Hafenstadt. Die erodierten Eiszeitsande kamen dank küstenparalleler Strömung vor Buchten zur Ablagerung und bildeten teils kilometerlange Nehrungen, die Donns. Mit 10,5 km ist die Lundener Nehrung die längste. Jenseits der Eider setzten sich die Nehrungen auf der Halbinsel Eiderstedt fort (Witzworter Nehrung). Im Süden fällt der Nehrungsfächer von St. Michaelisdonn auf. Hinter den überdünten Nehrungen entstanden verlandende Buchten (Haffe) und große Moore, aus denen das binnenländische Süßwasser keinen Abfluß fand.

In den fast 3000 Jahren bis 1400 (vgl. Abb. S. 99) hatte sich aus dem saalezeitlichen Moränenschutt und den Sinkstoffen des Meeres vor dem Geestrand bereits ein breiter Marschengürtel abgesetzt, der die bedeutenden Gemeinschaftswarften Wesselburen, Wöhrden und Marne einschloß. Mit Alt-Büsum lag 7 km tief im Wattenmeer eine große Marscheninsel. Bei Brunsbüttel hatten sich weite Marschflächen gebildet.

Um 1750 (vgl. Abb. S. 99) hat die Nordsee Alt-Büsum weitgehend abgetragen. Hier ist die einzige Stelle in Dithmarschen, wo nennenswerte Zerstörungen und Landverluste eintraten. Ein Teil jedoch von Alt-Büsum wurde in den festländischen Marschenbildungsprozeß einbezogen. Überall vor der Dithmarscher Küste wuchsen neue Vorländer und wurden Zug um Zug eingedeicht. Eiderstedt war aus mehreren Sandbänken und Nehrungen über das Stadium dreier Marscheninseln zu einer einzigen großen Halbinsel herangewachsen.

Karte 1988 zeigt schließlich die gegenwärtige Situation. Die Marschenbildung ist im Bereich der Eidermündung vorangeschritten, und in Süderdithmarschen sind der Friedrichskoog, der Dieksanderkoog, der Kaiser-Wilhelm-Koog und der Neufelderkoog an der Elbmündung hinzugekommen. Durch die Eindeichung des Helmsan-

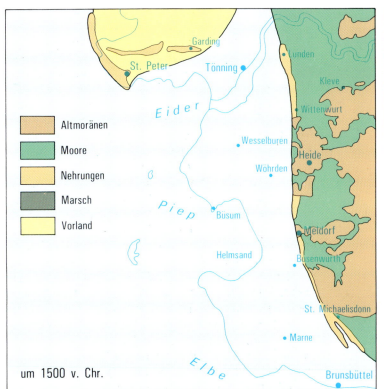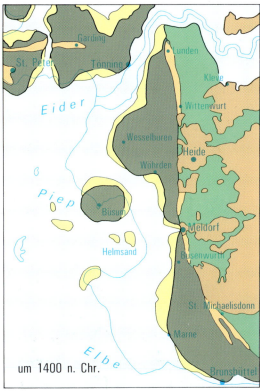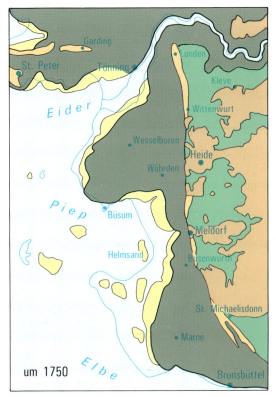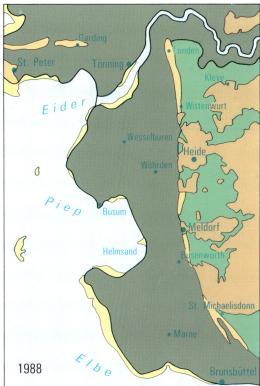

Die Küstenentwicklung in Dithmarschen (aus Wieland)

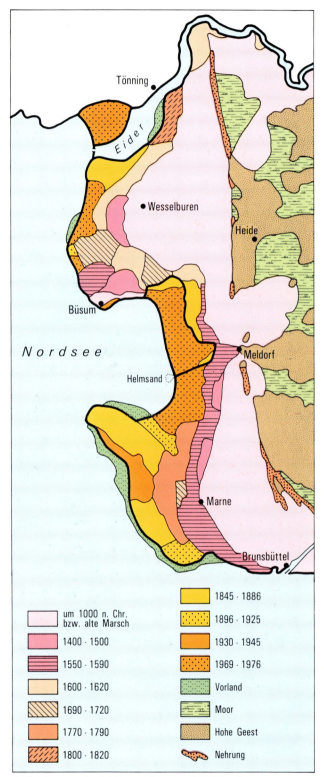

Bedeichungen in Dithmarschen (nach Wieland)

Lunden: Kirche auf Düne und Nehrung

Meldorf: Dom auf dem Geestrand

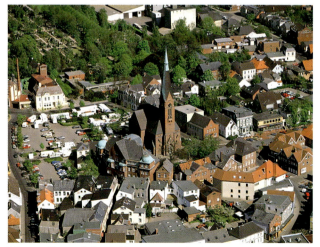

Marne: Ort auf ehemaligem Meeresboden

derkoogs in der Meldorfer Bucht hat der Helmsand Festlandsanschluß erhalten. Vor den jüngsten Deichen sind bereits neue Vorländer emporgewachsen. Es scheint, als würde die seewärtige Ausdehnung Dithmarschens weitergehen können.

Die Karte der Bedeichungen (Abb. S. 100) sowie die Abbildungen S. 98 und 99 spiegeln die Marschenentwicklung Dithmarschens wider. Kirche und Geschlechterfriedhof in Lunden liegen auf einer Düne, die auf Dithmarschens längstem Donn (Nehrung) aufgeweht wurde. Vor den Donns und den saalezeitlichen Altmoränen hat sich die alte Marsch ausgebreitet. In ihr liegen so große Gemeinschaftswarften wie Wesselburen und Marne. Vor dem Meldorfer Geestrand brandete bis ins 16. Jahrhundert das Meer. Die seenahen Köge Süderdithmarschens mit dem Hafen Friedrichskoog sind erst im 19. und 20. Jahrhundert eingedeicht worden.

Die Marschenbildung vor Dithmarschen hat nur selten Rückschläge erlitten. Manchenorts sind allerdings Spu-

Deichbruchstelle mit Wehle

Badestelle Friedrichskoog-Spitze am Trischendamm

Der Helmsanderkoog in der Meldorfer Bucht – ein Mehrzweckkoog mit Speicherbecken, Süßwasser- und Salzwasserbiotop, Flächen für Landwirtschaft und Bundeswehr

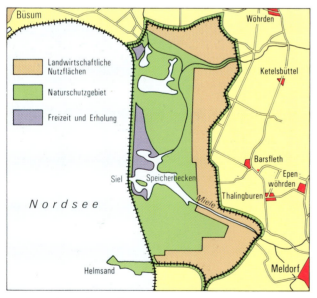

Nutzung des Helmsander Kooges (Speicherkoog Dithmarschen) (nach Weigand, in: Deutschland – Porträt einer Nation)

ren historischer Deichbrüche zu sehen. Man erkennt sie nicht nur am Loch im Deich, sondern auch am Loch hinterm Deich (Wehle). Hinter der Deichbruchstelle hat sich das meist wassergefüllte, teichartige Loch durch auskolkendes Strudelwasser gebildet.

Die Wasserprobleme Dithmarschens werden von drei naturräumlichen Faktoren bestimmt. Zum einen sind es die schwer zu entwässernden Moore, die hinter den überdünten Nehrungsriegeln entstanden sind. Zum zweiten sind es die in die Marsch entwässernden Geestflüsse – vor allem die Miele –, die bei Hochwasser nicht in die Nordsee abfließen können und daher zur Vernässung der Marsch führen. Aufgrund der guten Erfahrungen mit dem 1959 fertiggestellten Speicherkoog in Nordfriesland (Hauke-Haien-Koog) entschloß man sich zum Bau des Helmsanderkooges (1978), der in Teilen als Speicherkoog dient. Zum dritten ist es die Eider, Schleswig-Holsteins größter Fluß, in dessen breiten Mündungstrichter immer wieder Sturmfluten eindringen bzw. deren Wasser bei anhaltenden Westwinden durch Nordseehochwasser aufgestaut wurde. Im einen wie im anderen Fall kam es häufig zur Überschwemmung der tiefliegenden Marschen und Niederungen bis in die Nähe von Rendsburg. Erst der Bau des Eidersperrwerks schuf hier Abhilfe.

Der Eiderdamm mit dem Eidersperrwerk verhindert das landwärtige Vordringen der Nordseefluten in den Mündungstrichter der Eider. Damit wurde die Überschwemmungsgefahr im Unterlauf des Flusses gebannt.

Die Lundener Nehrung ist deutlich als Trennlinie zwischen Marsch und Mooren ausgeprägt. Den stabilen, geschichteten Untergrund nutzt die Eisenbahnstrecke Heide–Husum.

Die Elbmarschen

Die ebenfalls zum Schutz gegen Hochwasser eingedeichten holsteinischen Elbmarschen liegen zwischen Wedel und Brunsbüttel. Es sind die Wilstermarsch, die Kremper Marsch, die Seestermüher Marsch und die Haseldorfer Marsch. Auf Hamburger Staatsgebiet zählen die Vierlande zu den Elbmarschen. Bei Wedel treffen saalezeitliche Moränen direkt auf das Flußufer; dasselbe gilt für das hohe Elbufer zwischen Geesthacht und Lauenburg.

Die Elbe ist während der Eiszeit Norddeutschlands bedeutendster Schmelzwassersammler gewesen. Die Sohle des Urstroms befindet ich im Unterlauf 20 m tief unter Normalnull, denn auch der Meeresspiegel lag während der Eiszeit sehr viel tiefer als heute. Der Urstrom erodierte an den sandig-lehmigen Moränenhängen, bildete Steilufer und erhöhte sein breites Bett mit grobkörnigen Talsanden und Kiesen. Mit nachlassender Strömungsgeschwindigkeit in der ausklingenden Eiszeit wurden die Flußsande feinkörniger. Vor 4000 Jahren begann die Nordsee in das Urstromtal einzudringen. Sie brachte kalkhaltigen und tonigen Schlick mit, der das Elbbett weiter erhöhte.

Eine Besonderheit der Elbmarschen ist die Tatsache, daß der Fluß Uferwälle ausbildete. Immer dann, wenn durch starke Wasserführung oder durch Aufstau von See her die Elbe über die Ufer trat, sedimentierte sie in Ufernähe am stärksten. Landeinwärts dagegen nahm die Menge der Sinkstoffe ab. In den tiefliegenden Marschen entstanden Moore, die bei Überschwemmungen von dünnen Kleischichten überlagert wurden. Die Folge waren Sackungen, die infolge intensiver und notwendiger Entwässerungsmaßnahmen mit Gräben und Wettern (Sielzügen) zu dramatischen Tieflagen führten. Über 300 Bockmühlen mit Schneckenwellen hoben jahrhundertelang das Wasser der Marsch in die hochgelegenen Abflußkanäle. Heute wird das Gebiet mit Pumpaggregaten entwässert. In der Wilstermarsch entstand auf diese Weise Deutschlands tiefste Landstelle mit NN −3,54 m. Im Falle eines Deichbruches läge dieses Gebiet weiträumig unter Wasser. Bei normalem Hochwasser stünde das Wasser in der Wilstermarsch bis zu 4,50 m hoch. Selbst bei Niedrigwasser bliebe die Landschaft unter Wasser.

Von besonderer Problematik sind die von Flußsedimenten kaum erreichten Randmoore zwischen Geest und Elbmarsch. Sie liegen in der Regel noch unter dem Niveau der Marsch, so daß die Entwässerung allergrößte Schwierigkeiten bereitet.

Durch die Nebenflüsse Stör, Krückau, Pinnau und andere konnte die Elbe die Marschenbildung tief ins Landesinnere vortragen. Die Störmarschen beispielsweise reichen bis Kellinghusen hinauf. Heute verhindern

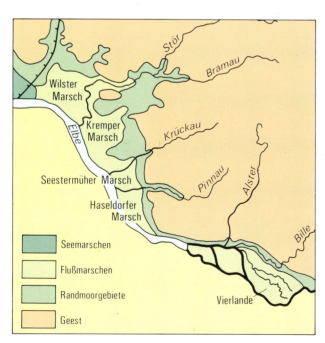

Die Elbmarschen in Schleswig-Holstein und Hamburg

Sturmflutpfahl in der Haseldorfer Marsch

Die Haseldorfer Elbuferlandschaft

Auenwald am Elbufer

moderne Sperrwerke und Schleusen den Einstau von Sturmfluten aus der Elbe in die Nebenflüsse. Trotzdem kommt es nicht selten zu Überschwemmungen durch das Süßwasser, das den Flüssen aus der Geest zugetragen wird. Die Elbe hat innerhalb ihres 10–30 km breiten Urstrombettes häufig den Stromstrich (Linie stärkster Fließgeschwindigkeit) verlagert. Auf diese Weise sind zahlreiche Marschendörfer und Höfe ihr Opfer geworden. Bei Haseldorf liegt der Stromstrich mehr zum niedersächsischen Ufer, so daß die Elbe hier Elbsande, Inseln und Süßwasserwatten aufbaute, die eine einzigartige geschützte Naturlandschaft ergeben.

Haseldorfer Weidenlandschaft – ehemals Heimat der Bandreißer

In der Wilstermarsch liegt mit 3,54 m unter dem Meeresspiegel Deutschlands tiefste Landstelle. Ein Pfahl markiert diese denkwürdige Stelle.

Die Entwässerung der tiefliegenden Elbmarsch geschah früher mit Hilfe von Bockmühlen. Über 300 davon standen in der Wilstermarsch.

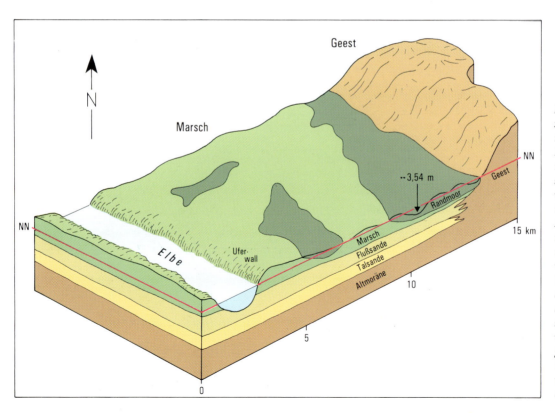

Das Blockdiagramm zeigt die Wilstermarsch von der Elbe zum Geestrand. Deutlich zu sehen ist das Gefälle von den Uferwällen über die tiefere Marsch bis zu den noch tiefer gelegenen Randmooren vor dem Geesthang. Vor der Bedeichung der Elbmarsch boten die hoch aufgeschwemmten Uferwälle den relativ größten Überflutungsschutz und wurden daher als erste besiedelt.

Der Pulsschlag des Meeres – die Gezeiten – überträgt sich auf den Unterlauf der Elbe. Daher sind Marschen- und Wattbildung auch hier die Folge. Deutlich sind Watt und gewundene Priele am Elbanleger von Glückstadt zu erkennen.

Das Stör-Sperrwerk ist der kleinere Bruder des Eider-Sperrwerkes. Es verhindert das Eindringen von Elb- und Flutwasser in die Stör sowie die Überschwemmung der tiefliegenden Elbmarsch.

Die Nutzung der Naturlandschaften

Nutzungsvielfalt als Folge der Landschaftsvielfalt

Mit dem Vorrücken der Meere gegen Schleswig-Holsteins Küsten und der Bildung alluvialer, d. h. junger, nacheiszeitlicher Ablagerungen vor allem im Marschengürtel der Nordseeküste hat die Landschaftsentwicklung Schleswig-Holsteins den gegenwärtigen Zustand erreicht, wie ihn die Abbildung unten darstellt. In westöstlicher Betrachtung geht der amphibische Raum des Wattenmeeres mit Geestkerninseln, alten Marschinseln und Halligen in die Marsch über. Die Altmoränen der Hohen Geest bilden keine geschlossene Landschaft. Sie sind durch Niederungen, die von eiszeitlichen Schmelzwasserflüssen ausgeräumt worden sind, unterbrochen. Stellenweise wirken sie insel- bzw. horstartig. Östlich schließt sich die Sandergeest an. Ihre Schmelzwasserablagerungen grenzen an das Östliche Hügelland mit seinen Endmoränen, kuppigen und in Ostseenähe teils flachen Grundmoränen. Die Ostseeküste selbst besteht aus einem Wechsel von Steilküste, Strandwall- und Nehrungsküste mit Strandseen. Tief ins Land einschneidende Förden gliedern das Östliche Hügelland.

Spiegelbild der differenzierten Landschaftsgeschichte Schleswig-Holsteins sind die Bodenarten und ihre Qualitäten für die landwirtschaftliche Nutzung. In Kreisen der Landwirtschaft wird gerne in vereinfachender und

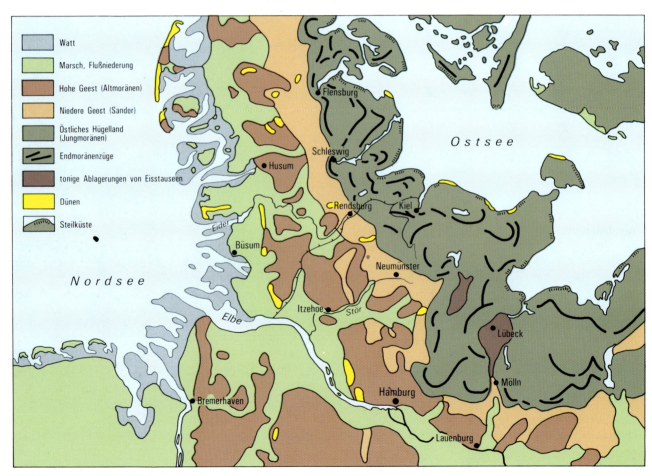

Die Naturlandschaften Schleswig-Holsteins

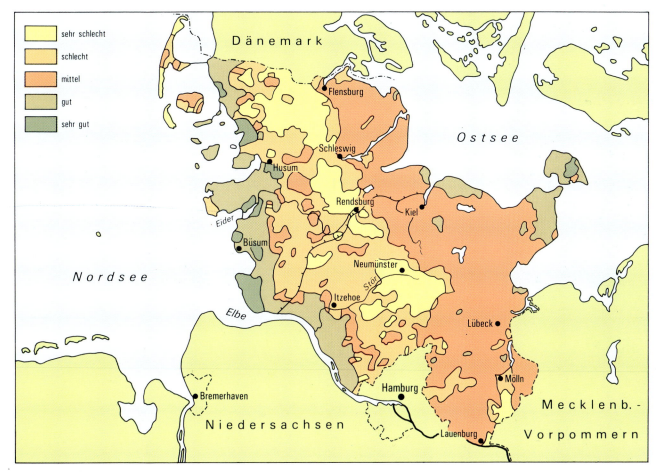

Karte der Bodengüte

generalisierender Weise von Schleswig-Holstein als dem Land mit den beiden Speckseiten und dem mageren Rücken gesprochen. Ein Blick auf die Karte der Bodengüte (vgl. Abb. oben) bestätigt diese Einschätzung durchaus. Das Östliche Hügelland und die Marsch bilden die Speckseiten, Sander und Altmoränen den mageren Rücken. Fruchtbar sind besonders die tonreichen Kleiböden der Marsch sowie die kalkreichen Geschiebemergelböden der Grundmoränen. Die Böden des Kohlanbaugebietes in Süderdithmarschen erreichen die höchsten Bodengütepunkte im Lande. Die leichten Böden der Sandergeest sind infolge ihrer Entstehung als Schmelzwasserablagerungen weitgehend entkalkt und enttont. Die Nährstoffarmut der Podsolböden ist groß. Teilweise sind die Bodenqualitäten so schlecht, daß sich landwirtschaftliche Nutzung verbietet. Solche Flächen sind entweder aufgeforstet worden, oder sie sind mit Heidevegetation bewachsen. Die Altmoränen der Hohen Geest sind durch Ausspülungs- und Auswehungsprozesse während des Jungglazials in ihrer Ertragskraft beeinträchtigt worden.

Dank der entstehungsgeschichtlich bedingten Vielfalt der schleswig-holsteinischen Landschaften finden die wirtschaftlichen Aktivitäten des Menschen ein breites Spektrum an Möglichkeiten. Der geologische Untergrund, die Naturräume von Nordseeküste und Marsch, die Altmoränen und Sander, die Jungmoränen und die Ostseeküste bieten jeweils ganz spezifische, landschaftsgebundene sowie landschaftsgeprägte Nutzungsformen und beeinflussen dadurch die Standorte von Landwirtschaft und Tourismus, Industrie und Hafenwirtschaft, Verkehr und Bodenschatzabbau. Was der Mensch mit den Naturräumen in Schleswig-Holstein anfangen kann, beschreiben die folgenden Abschnitte.

Der geologische Untergrund

Die wirtschaftliche Bedeutung des voreiszeitlichen Untergrundes ist gesamtvolkswirtschaftlich eher gering, regional jedoch als erheblich anzusehen. Der Kreideabbau und die Weiterverarbeitung des Rohstoffes stellen einen bedeutenden Wirtschaftsfaktor für die Region Lägerdorf-Itzehoe dar. Der rote Fels von Helgoland veranlaßt in den Sommermonaten täglich Tausende zu einer Hochseefahrt. Die einstündige Klippenwanderung mit Besuch der Langen Anna gehört dabei ebenso zum Besichtigungsprogramm wie der Bummel durch die Geschäfte des Lung Wai, des zollfreien Einkaufsparadieses im Unterland. Der Kalkberg in Bad Segeberg ist als Naturtheater das Ziel unzähliger Karl-May- und Winnetou-Fans. Wenn zweimal am Tag Aufführungen stattfinden, erlebt die 13 000-Einwohner-Stadt einen Besucherstrom von 15 000 Menschen.

Aber neben den durch Halokinese (Salzaufpressung) gehobenen „geologischen Fenstern" bietet der Untergrund Schleswig-Holsteins weitere wirtschaftliche Möglichkeiten. Salzgestein, das in der Tiefe mit Grundwasser in Kontakt gerät, wird gelöst und an verschiedenen Orten im Land als Thermalquelle genutzt. Andernorts werden Kavernen ins Salzgestein gespült, die als Gasspeicher dienen.

Die größte wirtschaftliche Bedeutung jedoch im ansonsten eher rohstoffarmen Land kommt der Ölförderung zu. Auf mehreren Ölfeldern zwischen Dithmarschen und der Ostseeküste wird erfolgreich nach Öl gebohrt. Bekannt sind vor allem die beiden Ölfördertürme in der Ostsee vor Damp (Ölfeld Schwedeneck) und die lange Zeit umstrittene Ölplattform Mittelplate im Dithmarscher Watt, wo aufwendigste Förder- und Transporttechnik bisher jeden Ölunfall verhindert hat, ebenso wie in der Ostsee.

Öllagerstätten finden die Geologen auf dem Dach eines Salzstocks sowie an dessen Flanken (Hauptfundstellen), ferner in schwachgewölbten Sätteln (Antiklinalen) und im Sandstein, der durch undurchlässige Meeresabsätze (Ton, Kalk) abgedeckt wurde (vgl. Abb. S. 111).

Kreidewerk in Lägerdorf

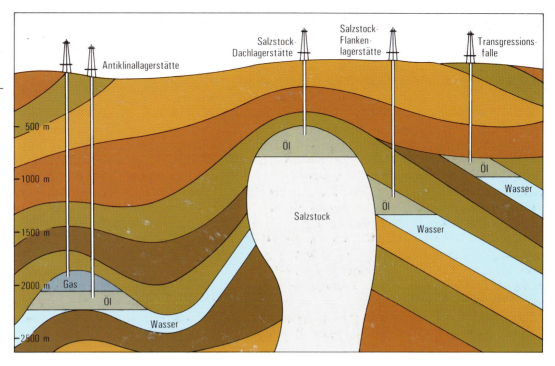

In Abhängigkeit von bestehenden Speicher- und Staumöglichkeiten im Gestein gibt es verschiedene Lagerstätten des Erdöls (Ölfallen) im Untergrund Schleswig-Holsteins (nach: Ministerium für Wirtschaft und Verkehr).

Ölbohrplattform „Mittelplate" im Dithmarscher Watt. Mit 75 Millionen Tonnen Erdöl gehört dieses Feld zu den größten in Deutschland.

Badeleben am Deichstrand von Büsum

Die Nordseeküste

Das Potential der Naturfaktoren Küste, Wasser, Watt und Inseln bestimmt die wirtschaftlichen Möglichkeiten der Nordseeküste. An Prielen liegen die Häfen, deren wirtschaftliche Bedeutung nicht nur Fischfang oder Getreidehandel umfassen, sondern von denen auch touristische oder versorgungstechnische Insel- und Halligfahrten stattfinden. Im Umfeld mancher Häfen (Husum, Büsum, Friedrichskoog) gibt es Schiffsreparaturbetriebe und Unternehmen zur Verarbeitung von Fisch. Eine wichtige Rolle spielt der Krabbenfang im Wattenmeer.

Der wohl bedeutendste Wirtschaftszweig, der Tourismus, findet seine Grundlage in Sandstränden und Dünen auf den Geestinseln und vor St. Peter-Ording oder in Deich- bzw. Grünstränden an allen anderen Küsten. Einen besonderen Reiz übt das bei Ebbe trockenfallende Watt aus, das zu ausgedehnten Wattwanderungen und damit verbundenen Naturbeobachtungen einlädt. Das über die bei Sonneneinstrahlung aufgeheizte Wattfläche strömende Flutwasser erwärmt sich stark und verspricht an Sonnentagen angenehme Badetemperaturen.

Die Sicherheit der Küste obliegt den Ämtern für Land- und Wasserwirtschaft, deren Mitarbeiter die Deiche überwachen, neue Eindeichungsmaßnahmen oder Deichverstärkungen durchführen und die Erhöhung des Vorlandes durch den Bau von Lahnungsfeldern beschleunigen.

Als landwirtschaftlich wichtiger und unübersehbarer Faktor direkt an der Nahtstelle zwischen Wasser und Land fällt die Schafzucht auf. Die Tiere beweiden die Deiche und Vorländereien und sorgen durch den Verbiß für eine dichte Grasnarbe. Sie sind als vierbeinige Mitarbeiter des Amtes für Land- und Wasserwirtschaft unverzichtbar. Ohne sie wäre die Deichstabilität gefährdet.

Wegen der Einzigartigkeit des Naturraumes wurde der Nationalpark Schleswig-Holsteinisches Wattenmeer eingerichtet. Das Nationalparkamt wacht darüber, daß die Belastungen des Naturraumes durch menschliche Aktivitäten nicht stattfinden oder sich in engen Grenzen halten.

Krabben – an Bord gekocht

Deichbau – Sandaufspülung für den Deichkern

Fährhafen Dagebüll

Die Marsch

Die eingedeichte Marsch bietet dem Menschen mit dem aus Schlick entstandenen Kleiboden gute, wenn auch differenziert zu betrachtende landwirtschaftliche Möglichkeiten.

Der Klei ist ein schwerer, nährstoffreicher und daher fruchtbarer Boden. Mitunter ist er jedoch so kompakt, zäh, wasserstauend und luftarm, daß Getreide- und Hackfruchtanbau schwierig sind. Dies ist in Teilen der nordfriesischen Altmarsch der Fall. Sofern solche Böden nicht durch Drainage aufwendig verbessert (melioriert) worden sind, werden sie für ertragreiche Grünlandwirtschaft genutzt. Auf Eiderstedt entstand aus Gründen dieser Bewirtschaftung der größte Bauernhaustyp der Welt, der Haubarg. Unter seinem mächtigen Dach, das von vier oder sechs Eichenständern getragen wird, lagerte ursprünglich der getrocknete Wintervorrat. Heute bringen Milchwirtschaft, Bullenzucht und Rindermast, sogenannte Fettgräsung, höhere Erträge. Auf besseren bzw. meliorierten Böden werden Weizen, Gerste und Raps angebaut.

Die Böden mit den höchsten Gütezahlen liegen in Dithmarschen. Ursache dafür ist die Durchmischung des Marschenschlicks mit den sandigen Materialien aus den ehemaligen Kliffen am Geestrand, die die nacheiszeitlich steigende Nordsee mit den tonigen Meeresablagerungen mischte und auf diese Weise für Nährstoffreichtum wie auch für hervorragende Bodendurchlüftung sorgte, was den Pflanzen bzw. ihren Wurzeln besonders gut bekommt. Aus Entstehung und Zusammensetzung des Bodens erklärt sich die intensive Nutzung der Dithmarscher Landwirtschaftsflächen als Ackerland. Hauptsächlich wird Kohl angebaut. Dithmarschen besitzt das größte zusammenhängende Kohlanbaugebiet Deutschlands. Als weitere Hackfrüchte werden vielfach Zuckerrüben, Mohrrüben und Kartoffeln angebaut.

Der ebenfalls durch Deiche eingefaßte Marschensaum an der Elbe und an den Elbnebenflüssen wird Flußmarsch genannt. Sofern für eine funktionierende Entwässerung gesorgt werden konnte, entstanden auf den fruchtbaren Böden große Gemüse- und Obstanbaugebiete. Die Nähe zur Großstadt und zum Absatzmarkt Hamburg hat diese Entwicklung gefördert.

Direktvermarktung von Obst in der Haseldorfer Elbmarsch

Schafherde auf dem Weg zur Deichweide bei Westerhever

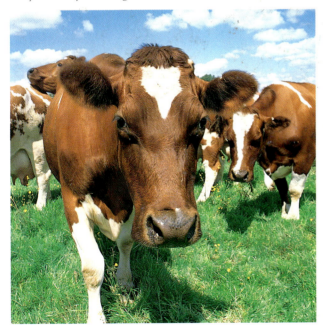
Viehzucht auf saftigen Marschweiden

Dithmarschen, das größte Kohlanbaugebiet Deutschlands.

Im Pumpspeicherkraftwerk von Geesthacht wird das Gefälle der hohen Altmoränen zur Stromgewinnung genutzt.

Die Altmoränen

Die Altmoränen der Hohen Geest stammen aus dem Saaleglazial und mußten in der nachfolgenden Warmzeit sowie in der Weichseleiszeit Veränderungen durch Bodenfließen, Ausspülung und Auswehung hinnehmen, welche die Seen verlanden ließen und die Bodenqualität negativ beeinflußten. Die Gütezahlen bewegen sich im unteren bis mittleren Bereich zwischen 30 und 50 Punkten (zum Vergleich: die Dithmarscher Marsch erreicht 80 bis 90 Punkte).

Auf den Altmoränen – zum Teil auch auf den Sandern – der Pinneberger und Elmshorner Geest haben unzählige Baumschulen jene überwiegend sandigen oder sandiglehmigen und daher auch gut zu bearbeitenden Bodenverhältnisse gefunden, die das Verschulen von Pflanzen erleichtern. Nirgendwo auf der Welt gibt es ein größeres zusammenhängendes Rosenzucht- und Baumschulgebiet als hier.

Manche Altmoränen sind durch gezielte Aufforstungsmaßnahmen zu beliebten Naherholungszielen geworden. Das gilt z. B. für den Boxberg im Naturpark Aukrug, dem einzigen aller fünf Naturparks, der vollständig in der Geest liegt. An schönen Sommertagen und schneereichen Wintertagen kann der große Parkplatz die Besuchermengen kaum aufnehmen. Im malerischen Städtchen Burg/Dithmarschen, hoch über Marsch und Nord-Ostsee-Kanal gelegen, erläutern ein Waldmuseum und ein Waldlehrpfad den nacheiszeitlichen Einzug verschiedener Waldgesellschaften, und in der Dithmarscher Schweiz um den Luftkurort Albersdorf herum läßt sich bei Waldspaziergängen gut studieren, wie unsere Vorfahren in der Jungsteinzeit schwere Findlinge zu wuchtigen Steingräbern verbauten. Die Waldgebiete zwischen Lauenburg und Geesthacht sowie der Sachsenwald und der Kisdorfer Wohld sind für die Hamburger und andere Städter von großem Erholungswert.

Vereinzelt laden kleine, aber nicht selten kleinodartige Heide- und Moorgebiete zu Naturerlebnissen ein. Die Bordelumer Heide auf dem nordfriesischen Stollberg, der sich nördlich von Bredstedt unmittelbar über den Marschen und Kögen erhebt, ist mit Arnika, Glockenheide, Krähenbeere, Wollgras, Torfmoos und anderen Arten sowie einem Lehrpfad ein Anziehungspunkt für viele Naturliebhaber.

Erholung im Naturpark Aukrug

Wintervergnügen am Boxberg/Aukrug

Baumschule bei Elmshorn

Die Sander

Die Sandergeest besteht aus weiträumigen Sandflächen und Mooren. Die Moore wurden überwiegend trockengelegt. Einige wenige konnten zusammen mit der oft benachbarten Heide unter Naturschutz gestellt werden. Sofern sie bereits teilentwässert wurden, werden sie manchenorts wieder renaturiert. Torfabbau gibt es nur noch vereinzelt (Schülper Moor).

Landwirte bezeichnen die Sander gerne als die 3-K-Böden. Sie taugen nur für Kiefern, Kartoffeln und Karnikkel. Eine etwas differenziertere Betrachtung ergibt, daß viele der sandigen Böden auch für Roggen- und Maisanbau genutzt werden. Verbreitet wird Milchvieh gehalten. Für Mastwirtschaft ist die Qualität des Grünlands in der Regel nicht ausreichend. Auf besonders kargen Böden ist Landwirtschaft überhaupt nicht möglich. Hier wurde nach Brechung der wurzelundurchlässigen Ortsteinschicht (durch Tiefpflügen mit PS-starken Traktoren) vielfach aufgeforstet.

Die stabil geschichteten Böden sind die ideale Grundlage für flächenbeanspruchende Baumaßnahmen. So liegen einige militärische Flugplätze wie auch Sportflugplätze in der Sandergeest. Hervorragend geeignet ist der tragfähige Untergrund auch für den Straßen- und Autobahnbau. Die Autobahn Kiel–Flensburg meidet möglichst das Hügelland und verläuft auf weiten Strecken unmittelbar westlich des Endmoränenrandes.

Von besonderer Bedeutung für die Geest sind die großen Kiesgruben, aus denen der wichtige sandige bis kiesige Bodenschatz Schleswig-Holsteins entnommen wird. Bekannte Baufirmen decken hier ihren Bedarf an Körnungen unterschiedlichster Größe für die vielfältigen Bauzwecke.

Oft bleiben große Erdlöcher zurück. Sofern sie sich mit Grundwasser füllen, dienen manche als Angelseen, oder sie werden zu Freizeit- und Badelandschaften gestaltet, wie es z. B. in den Kiesgruben von Güster (Prüß-See) südlich von Mölln geschah. Hier wurden einst die Sande für den Häuserbau in Hamburg abgebaut. Andere Kiesgruben werden mit Bauschutt oder Müll aufgefüllt.

Kiesgruben- und Freizeitlandschaft in Güster am Elbe-Lübeck-Kanal

Torfgewinnung im Schülper Moor

Traditionelle Roggenernte in Kleinkummerfeld

Heugewinnung im Aukrug

Plöner-See-Rundfahrt

Das Östliche Hügelland

Mit Seen, Hügeln, Tälern, Wäldern ist das Östliche Hügelland die abwechslungsreichste Landschaft Schleswig-Holsteins. Daher kann es nicht verwundern, daß hier vier der fünf Naturparks liegen: Hüttener Berge, Westensee, Holsteinische Schweiz, Lauenburgische Seen. Nur der Naturpark Aukrug liegt außerhalb des Hügellandes in der Geest. Landschaftsprägendes Element sind die zahlreichen eiszeitlichen Zungenbecken- und Rinnenseen. Sie bilden die Grundlage für den Erholungs- und Fremdenverkehr. Badende, Wassersportler, Angler, Campinggäste und Wanderer zieht es an die Seen des Binnenlandes in der Holsteinischen Schweiz und im Herzogtum Lauenburg.

Die Städtegründungen im Östlichen Hügelland reichen in die Zeit der mittelalterlichen Kolonisation und Christianisierung zurück, in der zahlreiche wehrhaft wirkende Feldsteinkirchen entstanden. Aber sehr bald erkannte man, daß die eiszeitlichen Tone ein hervorragendes Baumaterial bildeten. Damit begann der norddeutsche Backsteinbau, der sich in Lübeck oder Ratzeburg und anderenorts im Land in höchster Vollendung zeigt.

Eingestreut in die Hügellandschaft liegen, wie auch in der Geest, viele Kiesgruben. Die Sande traten als Wasser-Sand-Gemisch aus den Gletschertoren des zurückschmelzenden Eises und verschütteten die zuvor abgesetzten Moränenablagerungen. Kiese und Sande sind für den regionalen Bedarf der Bauindustrie unverzichtbar.

Von den Endmoränen und den kleinen Binnensandern abgesehen, sind die Böden des Östlichen Hügellandes kalk- und nährstoffreich. Das Jungmoränenland gilt daher als landwirtschaftlicher Gunstraum im Lande. Der Anbau von Weizen, Gerste, Raps und Rüben prägt das Gesicht der Agrarlandschaft. Historisch gewachsene Gutssitze mit prächtigen Herrenhäusern bilden ein unverwechselbares Element des Östlichen Hügellandes. Auf den Seen wird teilweise Binnenfischerei betrieben. Vor allem in Holstein werden kleinere Flußläufe für Teichwirtschaften aufgestaut, besonders für die Karpfenzucht.

Feldsteinkirche in Ratekau

Gut Rantzau

Weizenernte

Die Ostseeküste

Die stark gegliederte Ostseeküste reicht mit ihren Förden und Buchten tief ins Binnenland. Die natürliche Situation ist bevorzugt geeignet für die Anlage von Häfen und Hafenstädten wie Flensburg, Schleswig, Eckernförde, Kiel und Lübeck. Aufwendige, durch Molen zu erstellende Häfen sind nur dort erforderlich, wo Ausgleichsküsten keinen natürlichen Hafenschutz bieten (Puttgarden). Neben dem Gütertransport spielt der Personen-Fährverkehr nach Skandinavien eine bedeutende Rolle. Als Arbeitgeber wichtig sind große Werften in Kiel, Lübeck und Flensburg sowie mehrere kleinere Werft- bzw. Reparaturbetriebe.

Die kleineren Buchten (Haffe) sind oft durch Nehrungen vor dem brandenden Ostseewasser geschützt und dienen den Freizeitskippern als Liegeplätze. Zahlreiche Marinas dieser Art sind in den vergangenen Jahrzehnten entstanden. Sie stehen oft in Verbindung mit touristischen Großbauten (Ferienzentren): Marina Wendtorf, Damp, Heiligenhafen, Südstrand auf Fehmarn u. a. Aber auch die vielen traditionellen Badeorte verfügen längst über Sportboothäfen; denn die abwechslungsreiche Ostseeküste, die gute Erreichbarkeit des Hinterlandes, die Nähe der dänischen Inseln haben dem Segel- und Sportboottourismus an der Ostsee einen wahren Boom beschert. Viele Häfen sind zugleich auch Liegeplätze für Fischereifahrzeuge, die in erster Linie auf Dorsch- und Heringsfang spezialisiert sind.

Die feinsandigen Strände, die ihre Entstehung dem Abbau von Steilufern verdanken, sind das Kapital der Badeorte. Ältestes und traditionsreichstes Seebad ist Travemünde in der Lübecker Bucht, dessen Sandstrand ebenso wie jener von Niendorf und Timmendorfer Strand aus dem Brodtener Ufer stammt. Der Ostseetourismus lebt nicht nur von den Hotel- und Pensionsgästen der Seebäder, sondern auch von Tausenden von Campingurlaubern. Nirgendwo in Deutschland gibt es mehr Campingplätze als an den Stränden, auf den Steilufern und in den Niederungen der schleswig-holsteinischen Ostseeküste.

Trockendocks und Werftanlagen der Hohwaldtswerke – Deutsche Werft AG in Kiel

Heringsfänger

Großfähre nach Helsinki (Finnjet)

Strand von Grömitz

Blick in die Zukunft

Die Veränderlichkeit der Erdoberfläche gilt als natürliches Prinzip. Die Dynamik der raumverändernden Prozesse durch Brandung, Regen und Wind, Frost und Sonne wird mit Verwitterung, Abtragung, Transport und Akkumulation die Gestalt Schleswig-Holsteins weiter verändern. Am Ende einer entstehungsgeschichtlichen Betrachtung Schleswig-Holsteins stellt sich sicherlich die wichtige Frage: Kommt eine neue Eiszeit, oder werden Temperaturen und Meeresniveau steigen?

Eiszeiten und Klimaschwankungen hat es in allen Zeiten der Erdgeschichte gegeben. Über ihre Ursache grübeln die Wissenschaftler. Veränderung der Sonnenaktivität, kosmische Staubwolken, Vulkanausbrüche, Änderung der Erdbahn um die Sonne – eine beweisfähige Ursache ist noch nicht gefunden. Zum erstenmal in der Erdgeschichte aber ist jetzt der Mensch dabei, das Klima und die chemische Zusammensetzung der Lufthülle dramatisch und möglicherweise nicht mehr umkehrbar zu ändern. Durch den steigenden Verbrauch fossiler Brennstoffe steigt der Kohlendioxid-Gehalt der Atmosphäre und bewirkt zusammen mit anderen klimaschädlichen Gasen sowie unter gleichzeitiger Vernichtung CO_2-verbrauchender Wälder den sogenannten Treibhauseffekt. CO_2 läßt die kurzwellige Sonnenstrahlung zur Erde durch, hält aber wie das Glasdach eines Treibhauses die von der Erde ausgehende langwellige Wärmestrahlung zurück.

Das Ergebnis sind weltweit steigende Temperaturen. Die achtziger Jahre brachten die sechs wärmsten Jahre seit Beginn der Klimaaufzeichnungen vor über 100 Jahren, ein Trend, der sich 1990 fortsetzte.

In den letzten hundert Jahren ist die Welttemperatur um 0,7 Grad Celsius gestiegen und verursachte einen Meeresspiegelanstieg von etwa 25 cm. Einigkeit besteht unter den Wissenschaftlern darüber, daß die Temperaturen sowie Sturmstärken und Sturmhäufigkeit weiter zunehmen werden. Der Streubereich der Prognosen ist allerdings groß. Wahrscheinlich ist eine Erhöhung um 1,5 bis 3 Grad Celsius bis zur Mitte des nächsten Jahrhunderts. Der Meeresanstieg betrüge zwischen 70 cm und 1,5 m, und manche Forscher glauben sogar, daß ein Temperaturanstieg von 2,5 Grad Celsius die Weltmeere um 5 bis 7 m steigen ließe.

Was bedeuten diese Prognosen für Schleswig-Holstein? Deichverstärkungen sind wegen des teils instabilen Untergrundes Grenzen gesetzt. Der Aufbau einer zweiten

Eisberge vor Grönland

Hochwasser am Nordseedeich

Überflutungsgefährdete Gebiete in Schleswig-Holstein (nach: GEO special Nr. 2/1982)

Deichlinie mit Überflutungskögen brächte vorübergehend Entlastung. Beim Anstieg des Meeresniveaus auf mehrere Meter erschiene allerdings weiterer Deichbau als sinnlos. Dann begänne eine drastische Einengung des Lebensraumes in Schleswig-Holstein. Das Meer brandete vor Rendsburg, Heide, Itzehoe und Pinneberg. Der Weg von der Landeshauptstadt zur Nordsee bei Rendsburg würde kaum länger sein als der Weg zur Ostsee bei Strande. Die küstennahen Gebiete Angelns, Schwansens, der Probstei und bei Oldenburg wären ebenso versunken wie der größte Teil Fehmarns. Die Geestkerne von Sylt, Amrum und Föhr hätte das Meer trotz ihrer Höhe wegerodiert. Neue Inseln bildeten sich um die Altmoränen von Bredstedt, Husum, Albersdorf, Heide und bei Itzehoe.

Was bleibt, sind die Hoffnungen, daß die Wissenschaftler sich irren und eine natürliche Abkühlung der künstlichen Erwärmung gegensteuert, daß schließlich der CO_2-Eintrag gestoppt und die globale Vernichtung der Wälder gebremst werden. Eine „Nach-uns-die-Sintflut-Mentalität" von heute jedenfalls könnte sich für die Generationen von morgen katastrophal auswirken.

Vielleicht schärft folgende Überlegung das Verantwortungsbewußtsein der jetzigen Generation. Einem heute 20jährigen Menschen können mit 75 noch Enkel geboren werden, denen er als Opa oder Oma ein liebevoller Spielgefährte sein wird. Die Enkel haben ebenfalls eine Lebenserwartung von 75 Jahren. In 130 Jahren können also Menschen aus der eigenen Familie leben, mit denen wir ein Stück gemeinsamen Weges gegangen sind. Wie wird dann Schleswig-Holstein aussehen? Beim Abschmelzen aller Eismassen dieser Erde stiege der Meeresspiegel theoretisch bis zu 75 m. Dann allerdings würde es sich kaum noch lohnen, ein Buch über die Naturräume Schleswig-Holsteins zu schreiben.

Literatur

Bantelmann, A.: Die Landschaftsentwicklung an der schleswig-holsteinischen Westküste, Neumünster 1967

Degn, Ch.; Muuß, U.: Luftbildatlas Schleswig-Holstein und Hamburg, Neumünster 1984

Degn, Ch.; Muuß, U.: Topographischer Atlas Schleswig-Holstein und Hamburg, Neumünster 1979

Detlefsen, N.: Das Angelnbuch, Neumünster 1983

Dittmer, E.: Die nacheiszeitliche Entwicklung der schleswig-holsteinischen Westküste, in: Meyniana, 1952

Engling, I.: Das Kreis-Plön-Buch, Neumünster 1989

v. Fisenne, O.: Gewinnung und Nutzung geothermischer Energie, in: Schleswig-Holstein, H. 5, 1991

Fraedrich, W.: Glazialer Formenschatz in Südnorwegen, in: Praxis Geographie, H. 5, 1985

Geo special: Wetter, H. 2, Hamburg 1982

Gerhard, F.: Naturraum Wattenmeer, München 1983

Gessner, F.: Meer und Strand, Berlin 1957

Gripp, K.; Dittmer, E.: Die Entstehung Nordfrieslands, in: Die Naturwissenschaften, H. 39, 1941

Gripp, K.: Die Entstehung der Lübecker Bucht und des Brodtener Ufers, in: Die Küste, 2, Heide 1952

Gripp, K.: Die Entstehung der ostholsteinischen Seen und ihre Entwässerung, in: Beiträge zur Landeskunde von Schleswig-Holstein, Hrsg. Carl Schott, Kiel 1953

Gripp, K.: Neues über den Gipsberg und die Höhle zu Segeberg, in: Jahrbuch Segeberg 1963

Gripp, K.: Erdgeschichte von Schleswig-Holstein, Neumünster 1964

Grube, F.; Homci, H.: Geologie und Geomorphologie des südlichen Stellmoorer Tunneltales, in: Tromnau, Neue Ausgrabungen im Ahrensburger Tunneltal, Neumünster 1975

Grube, F.; Richter, G.: Die deutschen Küsten, Frankfurt 1979

Günther, E. W.: Die geologische Entstehung des Stapelholms, in: Die Heimat, 1953

Hassenpflug, W.; Kortum, G.; Newig, J.; Pollex, W.; Schmidtke, K.-D.: An Nord- und Ostsee, Husum 1985

Harms, H.: Das Kreis-Herzogtum-Lauenburg-Buch, Neumünster 1987

Helm, G.: Land hinterm Deich, Haseldorfer und Wedeler Marsch, Hamburg 1986

Hingst, K.; Muuß, U.: Landschaftswandel in Schleswig-Holstein, Neumünster 1978

Höpfner, G.: Wale und Haie – aus der Urzeit aufgetaucht, in: Die Heimat, H. 11, 1991

Jenssen, Ch.; Kamphausen, A.; Nissen, N. R.; Wohlenberg, E.: Dithmarschen – Land an der Küste, Heide 1984

Jorzick, H.-P.; Möller, I.; Patten, H.-P.; Hamburg und sein Umland in Karte und Luftbild, Neumünster 1989

Kahlke, H.-G.: Das Eiszeitalter, Köln 1981

Kannenberg, E. G.: Die Steilufer der schleswig-holsteinischen Ostseeküste, Kiel 1951

Koch, J. H.: Schleswig-Holstein, Köln 1980

Kock, O.; Pöhls, H. (Hrsg.): Heimatbuch des Kreises Plön, Plön 1953

Liedtke, H.: Die nordischen Vereisungen in Mitteleuropa, Trier 1981

Liedtke, H.: Stand und Aufgaben der Eiszeitforschung, in: Geographische Rundschau, H. 7–8, 1986

Muuß, U.; Petersen, M.; König, D.: Die Binnengewässer Schleswig-Holsteins, Neumünster 1973

Muuß, U.; Petersen, M.: Die Küsten Schleswig-Holsteins, Neumünster 1978

Newig, J.; Theede, H. (Hrsg.): Die Ostsee. Natur und Kulturraum, Husum 1985

Petersen, M.: Die Halligen, Küstenschutz – Sanierung – Naturschutz, Neumünster 1981

Petersen, M.; Rohde, H.: Sturmflut, Die großen Fluten an den Küsten Schleswig-Holsteins und in der Elbe, Neumünster 1991

Pollex, W.: An der Meeresküste, Husum 1991

Prühs, E. G.: Das Ostholsteinbuch, Neumünster 1986

Puls, E. u. a.: Wir entdecken das Wattenmeer, Husum 1985

Range, P.: Das Werden der Lübecker Bucht, in: Forschung der geogr. Gesellschaft Lübeck, H. 41, Lübeck 1941

Regge, J.; Hahn, H.; Lienau, K.: Der Segeberger Kalkberg und seine Höhlen, Bad Segeberg 1978

Riecken, G.: Die Halligen im Wandel, Husum 1985

Riedel, W.: Auswirkungen der Eiszeiten auf die Landschaftsentwicklung im Gebiet der Eider bis zur Königsau, Sonderdruck aus Schriften der Heimatkundlichen Arbeitsgemeinschaft für Nordschleswig, Heft 38, 1978

Rust, A.; Tromnau, G.: Zur Vor- und Frühgeschichte, Stormarner Hefte, Neumünster 1976

Schlenger, H. u. a.: Schleswig-Holstein – Ein geographisch-landeskundlicher Exkursionsführer, Kiel 1969

Schmidtke, K.-D.: Berge in Schleswig-Holstein, Husum 1986

Schmidtke, K.-D.: Auf den Spuren der Eiszeit, Husum 1985

Schott, C.: Die Naturlandschaften Schleswig-Holsteins, Neumünster 1956

Schumann, W.: Das große Buch der Erde, München 1974

Seifert, G.: Der Aufbau und die geologische Entwicklung des Brodtener Ufers und der angrenzenden Gebiete, in: Die Küste, H. 5, Heide 1952

Sindern, J.: Neuvermessung sowie geologische, hydrologische und limnologische Untersuchungen des Wittensees, Jahrbuch der Heimatgemeinschaft Eckernförde e. V., Jahrgang 35/1977

Stadelmann, R.: Meer – Deiche – Land, Neumünster 1991

Stewig, R.: Landeskunde von Schleswig-Holstein, Kiel 1978

Tapfer, E.: Meeresgeschichte der Kieler und Lübecker Bucht im Postglacial, Geologie der Meere und Binnengewässer, Berlin 1944

Töpfer, V.: Tierwelt des Eiszeitalters, Leipzig 1963

Wattenmeer – ein Naturraum der Niederlande, Deutschlands und Dänemarks, Neumünster 1984

Wohlenberg, H. J.: Ziegelei Lieth, in: Schleswig-Holstein, H. 5, 1991

Weigand, K. (Hrsg.): Schleswig-Holstein, in: Deutschland – Porträt einer Nation, Bd. 6, Gütersloh 1986

Wieland, P.: Küstenfibel, Heide 1990

Witt, W.: Beschreibung der naturräumlichen Einheiten Schleswig-Holsteins, in: Handbuch der naturräumlichen Gliederung Deutschlands, Institut für Landeskunde Bad Godesberg 1962

Wohldstedt, P.; Duphorn, K.: Norddeutschland und angrenzende Gebiete im Eiszeitalter, Stuttgart 1974

Wolff, W.; Heck, H.-L.: Erdgeschichte und Bodenaufbau Schleswig-Holsteins, Hamburg/Berlin 1949

am Zehnhoff, A.: Sylt, Helgoland, Amrum, Föhr mit den Halligen, Pellworm und Nordstrand, Köln 1979

Zölitz, R.: Landschaftsgeschichtliche Exkursionsziele in Schleswig-Holstein, Neumünster 1989